Training Note トレーニングノートα 現代文

はじめに

本書は、高等学校の現代文読解の基礎力養成を目的とした問題集である。

文章の選定にあたっては、主題が端的に提示され内容を掴みやすい文章ということを第一に重視した。次に、教科書に採用されている筆者やその分野において著名な筆者の作品を中心に選定した。また、今日課題となっている事柄から普遍的な問題まで、さまざまな話題を取り上げるようにした。

単元の配列は設問の難易度順とし、学習の積み上げにより、徐々に力がつくよう配慮した。

読解の基礎は、文章を丁寧に読み、筆者が述べようとしていることを正確に解釈する修練を重ねることによって培われる。本書が読解の基礎力養成の一助となることを願っている。

本書の特色

(1) 素材として選んだ文章は、著名な著者のものを中心とし、教科書の傍用としても使用できるように配慮した。
(2) 各問題は二ページ構成で、文章は一〇〇〇字程度のものとした。また、解答はすべて書き込み式にし、別冊の「解答と解説」の参照ページを示して、自己採点しやすくした。
(3) 基礎的な内容の設問を中心に収録し、きちんと文章読解ができていれば解答できるようにした。二〇分を目安とし、比較的短時間で集中的に取り組むことができるようにした。
(4) 「漢字」の問題と「語句」の注は、本文の下段にまとめた。
(5) 各設問ごとに配点を示し、「漢字」を含め、全体で五〇点満点とした。
(6) 各章の終わりには、それまでの力を試す「章末問題」を設けてある。「章末問題」は二ページ構成で、問題を解く力がついたかどうかの判断材料とした。

目次

第1章 文章に親しむ

第2章 文章を味わう

第3章 文章を楽しむ

1 随筆　父の詫《わ》び状 ―― 向田邦子

時間 20分　得点　〔　月　日〕
解答▸別冊1ページ

Ⅰ　神楽坂のお寺には、雨に濡れた黒い傘と黒い喪服の長い列がつづいた。焼香の列に並びながら、私は、①津瀬さんの菩提寺なのであろうこの禅宗のお寺が、［A］コンクリート造りなのが少しばかりさびしかった。祭壇の飾られた六角形の禅堂の中から弔詞を読む小沢昭一さんの声が流れてくる。それを聞きながら、津瀬さんの作品を思い出していた。

妻の[a]ルスに父親が子供のおむつを取り替えなくてはならない羽目*になる。赤んぼうは女の子で、父親は、我が子ながら、②そのことにも当惑*している。それに肝心の替えのおむつが見当らない。

「靴下では小さすぎる。ハンカチでもまだ小さい。テーブル・クロスでは大きすぎる」

十何年も前の、たった一度聞いたラジオ番組なのに、私は不思議にここのところだけはっきりと覚えている。[b]ゴウカイな笑いと飲みっぷりで、梯子《はしご》酒をしていた津瀬さんのもうひとつの顔が、テレ屋でやさしい父親の姿が見えてきた。〈中略〉

不意に[c]境内に魚を焼く匂いが流れてきた。アジの開きかなにからしい。昼過ぎの、時分どき*なのだから仕方がないとはいえ、しめやかな読経や弔詞にはやはり似つかわしくない。［B］と思ったが、ふと思い返す気になった。津瀬さんは、［C］だろう。コンクリートの禅堂も、お寺の隣りから流れるアジの開きを焼く匂いも、みんなあの独特の笑いで許してくれるだろう。そして、こういう情景を一番みごとに描けるのは、私などではなく、津瀬さん本人であることにも気がついた。

Ⅱ　子供の欲目かも知れないが、母も人並み以上に行き届いた人だと思う。だが、父があまりにも癇癪《かんしゃく》もちで口うるさいので、叱られまい③と緊張するのだろう、ここ一番というときに限ってよくしくじりをした。

お正月の支度を手落ちなく整え、一家揃ってお[d]雑煮を祝おうという時に、ちょっとしたものを取ろうと踏台に乗り、手にしたものを取り落として金屏風《びょうぶ》に穴をあけ、元旦早々父にどなられるといった按配《あんばい》である。

息を引き取った父の顔にかけた④豆絞り*の手拭いもそのたぐいの失敗であろう。若いときは、お母さんも気が

漢字（各2点）

a　ルス〔　　〕
b　ゴウカイ〔　　〕
c　境内〔　　〕
d　お雑煮〔　　〕
e　利かない〔　　〕

語句

羽目…追い込まれた苦しい境遇。
当惑…途方にくれること。
時分どき…食事どき。
豆絞り…豆粒ほどの丸い形をしぼり染めにした布。

e利かないと思っていた。だが、この頃になって気がついた。父は、母のこういう所を愛していたのだ。
—

□(1) 傍線部①の職業を次から選び、記号で答えなさい。（4点）

ア 俳優　**イ** テレビタレント　**ウ** 写真家　**エ** 放送作家　**オ** 画家

□(2) 空欄A〜Cに入る語句を次から選び、それぞれ記号で答えなさい。（各4点）

ア 落ち着いた　**イ** 時代遅れの　**ウ** モダーンな　**エ** おごそかだ　**オ** 困った
カ 照れくさい　**キ** 許す　**ク** おどろく　**ケ** たしなめる

□(3) 傍線部②はどのようなことを指していますか。（4点）

□(4) 傍線部③と同じ意味の「まい」を次から選び、記号で答えなさい。（6点）

ア それは彼の本意ではあるまい。
イ 転ぶまいとして、足に力を入れた。
ウ まさか、こんな所では会うまいと思っていた。
エ「ふるさとは、帰る所ではあるまい」と考えた詩人もいた。

□(5) 傍線部④は、なぜ「失敗」なのですか。説明しなさい。（8点）

□(6) ⅠとⅡの文章は、それぞれのテーマに共通点があります。適切なものを次から選び、記号で答えなさい。（6点）

ア 人間は失敗するまいと緊張すると、かえって失敗しやすい。
イ 思い出というものは、時間とともに美化され、懐かしいものになっていくのが常だ。
ウ 大切な人を失った痛みから立ち直った時、人は優しくなれるものだ。
エ 思い出は余りに完璧なものより、多少間が抜けた人間臭いものの方が懐かしさを感じる。

解答欄

(1)

(2) A　B　C

(3)

(4)

(5)

(6)

2 評論 〈ほんとうの自分〉のつくり方 —— 榎本博明

人は、人生に行きづまったとき、だれかにその*窮状を語る必要に迫られる。こちらの語りに耳を傾けてくれる聞き手を必要とする。人生に[a]行きヅまるというほど大げさなものでなくても、ちょっと[b]シンコクな悩みをもったときや迷いを感じたとき、悩んでいることや迷っていることをだれかに語らずにはいられない。

そこでは、聞き手に対して自己を語ることによる(一)自己物語の書き換えが行われる。目の前の現実に対して無力になってしまった自己物語を、今の現実により即した有効な自己物語へと書き換えていくことが課題となっている。

悩みや迷いを語る人を前にするといった状況に慣れない人は、自分が何か解決策を[c]授けてあげなければいけない、何らかの方向づけをしてやらなければならないと考えがちである。だが、(二)そんなことは必要ない。本人がなかなか答を出せないような難問に、他人がそう簡単に答を出せるわけがない。

じっくり耳を傾けてあげること、それだけで十分に助けになってやれるのだ。大事なのは、悩んでいる本人、迷っている本人が、考えつつ語る、自分の心のうちに問いかけ、そこから何かを引き出しつつ語る機会を十分もつことなのである。そうした場をもたせてあげることができれば、それで十分役に立っているのだ。

語る中で何かが見えてくる。語るということは、まだ意味をもたない[d]*解釈以前の経験に対して、語ることのできる意味を与えていくことだ。そこに、モヤモヤとしたものが形をとってくる。意味のあるまとまりが見えてくる。僕たちは、自分の経験をだれかに語るとき、語りながら意味を生み出し、自分の経験を整理しているのだ。自分でも意味がわからない、どう解釈したらよいのかがわからない出来事や経験を人に語ろうとするとき、大きな困難を感じざるを得ない。

この「語ることのできる意味」ということには、それこそ多様な意味が[e]フクまれる。自分なりに語る価値があると感じる意味、語りたいと思う意味を生み出すということでもあるし、聞き手が価値があると感じる意味、なるほどと共感してくれる意味を生み出すということでもある。〈中略〉

聞き手を前にして語ってはいるものの、そこで行われているのは、自分にとって納得のいく物語、しかも新

〔　月　日〕

時間 20分　得点

解答▼別冊1ページ

漢字（各2点）

a 行きヅまる〔　　〕
b シンコク〔　　〕
c 授けて〔　　〕
d 解釈〔　　〕
e フクまれる〔　　〕

語句

窮状…困り果てている様子。
解釈…物事の結果や状況などについて、自分なりに考えて理解すること。

たな現実に対しても有効に機能する自己物語の綴《つづ》り方の模索である。何度も何度も語り直す中で、［A］が生み出されていく。

□(1) 傍線部㈠とあるが、どのようなことか。適切なものを次から選び、記号で答えなさい。（8点）

ア 自分が現在抱えている問題に対して、有効な解決策を見つけ出すこと。

イ 自分が陥っている苦しみから逃れるために、手を貸してくれる人を探すこと。

ウ 悩みや迷いを抱えた現在の状況について、納得できる解釈をもたらすこと。

エ 自分がなぜ失敗したのかを分析し、同じ過ちを繰り返さないようにすること。

(2) 傍線部㈡とあるが、これについて次の問いに答えなさい。

□① どのようなことが、なぜ必要ないのか、簡潔に説明しなさい。（8点）

□② ここで必要とされるのはどのようなことか。五十字程度で説明しなさい。（10点）

□(3) 空欄Aに入る語句を次から選び、記号で答えなさい。（6点）

ア 問題解決への糸口

イ ある種の諦めと開き直り

ウ 聞き手との信頼関係

エ 納得のいく適切な文脈

□(4) 筆者の考えに合致するものを次から選び、記号で答えなさい。（8点）

ア 悩みを語るとき、自分にとって価値ある意味づけがなされる。

イ 悩みを聞くときは親身になって、解決策を提案すべきである。

ウ 悩みを伝える前に、自分の中で十分整理することが必要である。

エ 悩みを語ることは自己物語の模索なので、聞き手は誰でもよい。

解答欄

(1)

(2) ① ②

(3)

(4)

3 評論 コミュニケーション力 —— 齋藤 孝

私たち人間は、コミュニケーションしたいという欲求を強く持っている。一人きりになるのは寂しいし、怖[a]い。部屋で一人静かに過ごす時間は快適なものだが、社会から全く切り離され、他人とコミュニケーションができなくなったとすれば、そのような快適さはもはやなくなるであろう。刑罰の一つに独房*というものがある。一人で部屋に入れられ誰ともコミュニケーションできない状態は、人間にとって刑罰なのである。

コミュニケーションし、感情を交し合い、考えを語り合う。それ自体が人生の目的なのである。深い永遠の愛ばかりが人間にとって必要なものではない。①気持ちを軽く伝えることができる存在が、まずほしい。何かを見て、いいなという感情が湧いたり、何かを食べて、おいしいなと思ったりしたときに、その感情を分かち合う相手が欲しくなる。その相手は、特に人間でなくともカマわない[b]。犬は、人間のコミュニケーション欲を充《み》たしてくれる重要なパートナーであり続けてきた。私たちは気持ちを誰かと伝え合い、あれこれと話をしなければいられない存在なのだ。

だからこそ、家族が人間にとって重要な単位なのである。社会では能力で人間の価値がはかられるのに対し、家族の中では、基本的にはコミュニケーションする関係が求められている。

中学生くらいになって自分の部屋にトじこもり[c]、内側から鍵[d]をかけ、親とコウショウ[e]をしなくなる子どもがいる。これはまったく②言語道断な状況だ。家族であるからには、コミュニケーションする、いわば義務がある。経済的に完全に［A］しているならば、一人暮らしをすればいいわけだが、経済的に親に依存している以上、親とはコミュニケーションする義務がある、と私は考える。

ここで③経済のことを持ち出すのは、一つの方便*だ。本当はお金のこととは別に、家族であればコミュニケーションを拒否することなどはまったくおかしい。思春期には、親と話すのが煩わしく感じることもあるだろう。しかし、自分の部屋にこもってしまう子どもが多すぎる現状では、親の側はもっとコミュニケーションを子どもに要求してもいいと私は考える。「親と話してもおもしろくないから話さない」という言い分を通させすぎると、大事な話をする機会も持ちにくくなる。家族はコミュニケーションする集団だ。コミュニケーションす

〔　月　日〕

時間 20分　得点

解答▸別冊2ページ

漢字（各2点）

a 怖い〔　　〕

b カマわない〔　　〕

c トじこもり〔　　〕

d 鍵〔　　〕

e コウショウ〔　　〕

語句

独房…刑務所などで、受刑者を一人だけ入れておく監房。

方便…ある目的を達成するための便宜的な手段。

るから家族なのである。それを拒否したいのであれば、がんばって独立する他はない。

□(1) 空欄Aに入る語句を文中から二字で抜き出しなさい。(8点)

□(2) 傍線部①は、人間のどのような欲求を満たすものですか。文中から二十字以内で抜き出しなさい。(8点)

□(3) 傍線部②の意味を答えなさい。(8点)

□(4) 傍線部③について筆者が言及しているのはなぜですか。適切なものを次から選び、記号で答えなさい。(8点)

ア 親子関係におけるコミュニケーションの義務を強調するため。

イ 家族のコミュニケーションと経済との関係性を確認するため。

ウ 親子関係における経済的な依存度の重要性を強調するため。

エ 中学生も経済のことを学ぶ必要性があることを訴えるため。

□(5) 本文の内容と一致するものを次から選び、記号で答えなさい。(8点)

ア 経済的な面で完全に親に依存している子どもは、親とコミュニケーションすることが得意ではない。

イ 現代では親子の結び付きが弱くなっており、その物足りなさの穴埋めとして犬を飼う人が増えている。

ウ 社会では能力で人間の価値を判断するが、家族の中では経済力で人間の価値を判断することが多い。

エ 家族は人間にとって重要な単位であり、子どもも親も互いにコミュニケーションするのが当然だ。

解答欄

(1)

(2)

(3)

(4)

(5)

4 評論 美の値段 —— 池田満寿夫

〔　月　日〕

時間 20分　得点

解答▸別冊3ページ

よく〝個性がある〟とか〝個性的〟という表現があるが、世間の人が、「あなた、個性的な顔してるわね」と言うと、その裏に、「あなたってブスね」などという悪意も込められていたりして、①非常にチョウホウに使われる。でも本来は個性的であることと*独創的であることは違うのだ。

　個性というのは、人間が一〇〇人いればその一〇〇人それぞれが持っているもので、「これと同じ茶碗を作りなさい」と言って一〇〇人に作らせれば一〇〇通りの茶碗ができるということなのだ。どこか歪んだり厚みが違ったり、*作意はなくても多少の違いは自然に現れてくる。各自の癖と言っていいかもしれない。

　しかし、なんでも好きなものをつくりなさい、と言うと、大多数の人たちは考え込んでしまう。②見本がないとなにもつくれないのである。

　別の言い方をすれば、何も知らないのにおのずから出てくる力は個性だが、世界の仕組みを知らなければできないのが独創性である。無知でありながら、何かのヒョウシに偶然世界的な発明をすることもあるかもしれないが、もはや現代ではほとんどその③可能性はない。［A］に世界の情報を集め、すべてを承知の上でさらに違うものを作る時代であり、それが*クリエーションであろう。

　画家に関して言えば、美術史を知り、どういうふうに美術が展開しあるいは発展してきたか、そして現在世界に何が起こってどういうものが流行っているのかを知らなければ独創的な絵は描けないということだ。

　私は時々美術学校で教えているが、たとえばピカソ風の絵を描いた学生に、

「ピカソだね、ピカソが好きなの？」

と聞くと、

「［B］」

と答えるものがいる。それはマネしていることを指摘されてとっさに嘘を言ったのか、本当に見たことがないのかどちらかだが、もし本当にピカソを知らないのだとしたら④不勉強としか言いようがない。

　私もよく「池田さんの絵、ピカソに似ていますね」と言われるが、「もちろん、私は影響されてますから」

漢字（各2点）

a チョウホウ〔　　〕
b ヒョウシ〔　　〕
c 流行って〔　　〕
d マネ〔　　〕
e シロウト〔　　〕

語句

独創…他人のまねをせず、自分一人で独自なものをつくりだすこと。
作意…たくらみ。芸術作品制作の意図。
クリエーション…創り出すこと。創造。

と答える。eシロウトならピカソもマチスも「知りません」でも許されるが、画家を志す以上はその分野のことを知ろうと努力するのは当然であり、また知らなければ通用しないのである。

□(1) 空欄Aに入る語句を次から選び、記号で答えなさい。(6点)

ア 前衛的　**イ** 積極的

ウ 極限的　**エ** 専門的

□(2) 傍線部①の主語にあたる部分を文中から抜き出しなさい。(6点)

□(3) 傍線部②の理由を、本文の内容に即して説明しなさい。(8点)

□(4) 傍線部③の指示する内容を答えなさい。(6点)

□(5) 空欄Bに入る文を次から選び、記号で答えなさい。(6点)

ア はい、僕はピカソの絵が好きなのです。

イ いいえ、僕はピカソの絵をまねてはいません。

ウ はい、しかし僕はピカソの絵は好きではありません。

エ いいえ、僕はピカソの絵は全然見たことはありません。

□(6) 傍線部④の理由を、わかりやすく説明しなさい。(8点)

解答欄

(1)

(2)

(3)

(4)

(5)

(6)

5 随筆 親からの頼まれごと —— 増田みず子

〔　月　日〕

時間 20分　得点

解答▸別冊3ページ

私は小説の中で親の悪口を書きつづけてきた上に、ちょうどその頃、父親の隠してきた過去を[a]ショウダクなしに調べ、①尾ひれをつけて書いた小説『火夜』が、本になって間もなかった。ついに本気で怒らせてしまったと思った。それ以来、音信[b]フツウでいた。およそ二年後に、両親の家の近所の人から、父親が[c]キュウキュウ病院に運ばれたことを電話で知らされた。駆けつけてみると、父親は血管性の認知症*、母親はアルツハイマー*による認知症になっていて、とてもふつうの暮らしができる状態ではなくなっていた。一カ月後に父親を看取《みと》り、母親を施設に入居させた。

自覚症状のない母親は、施設をいやがって、自由な生活を求め、しきりに独り暮らしをしたがる。自分の夫なのに、どうして誰も死んだことを知らせてくれなかったのかと怒る。自分が看病して看取るのがあたりまえなのになぜそうさせてくれなかったのか。

母親の意識には、②時間の流れと変化が欠如している。その場で感じ、その場で考えることがすべてである。意志があり、希望があり、夢がある。それをどうして残酷に無視するのか。

そのたびに説明し、[d]納得してもらう。その記憶は五分ともたない。そのことが本人には自覚がない。見舞うたびに、[e]セマい個室で鋭く談判される。なぜそんな③ささやかな願いがかなわないのか。それなら生きている甲斐《かい》がないから、食事を拒否して自殺する、と訴える。食事の知らせがあると、それを忘れて食堂へ行く母親に、④それでも私はこれまでに経験がないほど、心をつくして、説明を繰り返す。五分ごとに。

先年の夏頃から、母親は、施設の日課である散歩を拒否するようになった。施設側からの依頼で私は見舞いにゆくと、母親を連れて散歩に出る。散歩というと拒否するので、外食や買い物に誘う。目的がないと歩かない。彼女には目的意識が必要なのだと施設のスタッフがいう。

ゆっくり歩きながら、彼女ととぎれがちの話をする。見えている景色について。これから出かける場所について。放ってある家について。気まぐれによみがえる記憶について。

その言葉の端々で驚かされるのは、母親の[A]の異様な強さである。

漢字（各2点）

a ショウダク〔　　〕
b フツウ〔　　〕
c キュウキュウ〔　　〕
d 納得〔　　〕
e セマい〔　　〕

語句

認知症…脳の機能が低下して普通の日常生活が送れなくなった状態。

アルツハイマー…脳の機能が低下してしまう病気。

□(1) 傍線部①の意味をわかりやすく説明しなさい。(6点)

□(2) 傍線部②とはどういうことですか。本文に即して、わかりやすく説明しなさい。(10点)

□(3) 傍線部③の内容が具体的に述べられている部分を、文中から二十五字以内で探し、最初と最後の三字を抜き出しなさい。(8点)

□(4) 傍線部④には、「私」のどのような気持ちが込められていますか。適切なものを次から選び、記号で答えなさい。(8点)

ア 食事を拒否して自殺するという母親の言葉を聞いてうろたえ、なんとかして自殺の意志を変えさせたいと焦る気持ち。

イ 病の中で自殺まで考えている母親をどう慰めてよいのか途方に暮れつつも、せめて優しく接しようとする気持ち。

ウ 母親は自分が言ったことを間もなく忘れるのだから、それに答えようと答えまいと結局は同じだ、と自嘲する気持ち。

エ 母親の記憶に残らないと知りつつも、母親の訴えに向き合い、説得しようとする、ひたむきで誠実な気持ち。

□(5) 空欄Aに入る語句を次から選び、記号で答えなさい。(8点)

ア 過去の生活への未練

イ 施設での生活への嫌悪感

ウ 自立心と自由への希求

エ 病気の進行に対する恐怖心

解答欄

(1)

(2)

(3) 〜

(4)

(5)

6 評論 ことばとは何か 言語学という冒険 ― 田中克彦

ある言語が、ある言語に近く、いわば方言的な関係にあるのに、別のある言語とはまったくちがうという意識があらわれるのは、話し手である人間においてであって、言語そのものがそう思うわけではない。

動植物が自らの分類上の地位を知らないのと同様に、言語もまた、自らがロマンス系だのゲルマン系だのと知っているわけではない。動植物においても言語においても、そのような意識はないので、その意味においては、どちらも「①自然の存在」として考えることができよう。

しかし言語が生物と[a]コトなるのは、後者がそれじたいとして、人間とかかわりなく存在しうるのに、言語は、それを話す人間なしには自立した存在としてはあり得ない点である。

それにもかかわらず、言語学は、言語それじたいを、まるで［A］したものであるかのような存在として[b]扱ってきた。まるで話す人間がいなくても、存在したかのように。じじつ、消え去った、三千年も昔の言語、粘土板に焼きつけられて残っている、(注)シュメール語や、アッカド語などを扱う言語学者は、それをどんな人間がどんな社会で（ソビエト言語学の用語ではどんな階級が）、話していたかということを、まったく、あるいはほとんど考えなくても、粘土板の上に残った文字から、言語そのものを考えるしかたは、ちょうど岩石の中に化石として残った昆虫や花粉をとり扱うのと同じである。もっとも、昆虫や花粉のばあい、生物学者は言語学者よりも、はるかにそれらが存在した環境を問題にしたのである。この点では、②言語学者は生物学者よりもより単純な確認で満足するつつましい人たちなのだ。

しかし言語のばあいは、そこにそれを話す人間がいなければ生まれもせず、存在もしなかったことは明らかだ。そして、言語を話す人間には、そこに複数の話し手からなる言語の共同体があるというのが[c]ゼンテイ条件である。たった一人だけの言語は存続しない。

近代言語学は③このことを無視したわけではない。ドイツ語圏では、この共同体はシュプラーハゲマインシャフトと呼ばれ、ソシュール*も、その[d]エイキョウのもとに、コミュノテ・ランギスティクと呼んだのである。そもそもそれは、言語の存在の場であり、言語を支える場であり、それなくしては言語を研究することさえでき

〔　月　日〕

時間 20分 得点

解答▶別冊4ページ

漢字（各2点）

a コトなる〔　　〕
b 扱って〔　　〕
c ゼンテイ〔　　〕
d エイキョウ〔　　〕
e シヤ〔　　〕

語句

ソシュール…スイスの言語学者。

ないのである。しかしひとたび、そこから言語をとり出してしまえば、あとは用のない、むしろ言語そのものの研究にはじゃまものとして捨て去られ、eシヤからとり除かれるのである。必要なのは言語それじたいなのだから。

（注）シュメール語、アッカド語…どちらも古代メソポタミアで使用された言語。

□(1) 傍線部①とは、どのようなものですか。わかりやすく説明しなさい。（10点）

□(2) 空欄Aに入る語句を次から選び、記号で答えなさい。（6点）

ア 支配　**イ** 従属　**ウ** 自立
エ 確定　**オ** 完成

□(3) 傍線部②のように筆者が述べるのはなぜですか。わかりやすく説明しなさい。（10点）

□(4) 傍線部③の内容として適切なものを次から選び、記号で答えなさい。（6点）

ア 言語には、複数の話し手からなる共同体が必要であること。
イ 近代言語学では、たった一人だけの言語が存続すること。
ウ 言語を話す人間がいなくても、言語学の研究はできること。
エ 言語の共同体がなければ、言語の研究さえできないこと。

□(5) 本文の内容と一致するものを次から選び、記号で答えなさい。（8点）

ア 近代言語学は、言語の共同体についての研究を深めた。
イ 方言的な関係にある言語は、「自然の存在」とはいえない。
ウ 粘土板に焼きつけられた文字は、三千年前に消え去った。
エ 言語は、それを用いる人間がいなくては存在し得ない。

解答欄

(1)

(2)

(3)

(4)

(5)

7 小説 項羽《こうう》と劉邦《りゅうほう》 ―― 司馬遼太郎

しかし一方では死を覚悟している。この覚悟の表現として、かれの分身である直衛部隊を城門から――死にむかって――突出させたのであろう。さらに一方においては、項羽はこの城を脱出しようとしている。脱出といっても、いずれは遠い将来の闘死――もしくは劉邦を討つ――という目的のための手続きで、いのちを全《まっと》うしようという心事とは遠いものであった。自分ひとりでも江南の地にたどりつけばふたたび壮士*、壮丁*があつまり、大軍をヘンセイ[a]できぬともかぎらないのである。(一)闘死の覚悟と脱出の決断は矛盾のように見えて矛盾せず、しかしこまごまとみれば相絡《あいから》みあって、ひとすじの糸として取りだせるものでもない。項羽はこの状況下で、(二)気狂いのなかにある。が、様子はそうとも見えなかった。

かれは落ちつきはらったままの姿勢で、終日、城楼から戦いをシキ[b]した。しかし朝シュツゲキ[c]した部隊は昼ごろには半分になり、夕刻には一人も見えず、夕闇がたちこめる頃には、あたり馳駆《ちく》*しているのは韓信の兵ばかりになった。

「あすだ」城楼から降りつつ、項羽はいつもの顔色で言った。ひとびとは、あすこそ勝ってやるというふうにその言葉を受けとった。しかし勝とうにも勝てるだけの人数がいなかった。

――どうなさるのだろう。側近のたれもが自分一個の運命よりも、項羽の身を案じた。このように明日も知れぬ極所*に追いこまれた側近たちが項羽に対してもつ心づかいというものも、(三)日常の人間感情をよりどころにしてはオクソク[d]することができない。(四)かれら一人ずつが項羽という運命の符を買っているのである。この時代の符――証文――は、竹か木であった。それを二つに割ってその一片ずつを後日の証拠として持ち、必要があればつなぎあわせてあかしを検《ため》すのである。〈中略〉

この紀元前のこういう境涯*のひとびとの感情をべつの譬[e]えでいえば、自分という水瓶《みずがめ》が倒れて項羽という水が流れ出てゆくようなものであった。かれらにすれば流れ出てゆく項羽という水のほうが気がかりでもあった。が、項羽自身は表面は平然としている。

初更《よい》が過ぎ、項羽は虞姫《ぐき》を寝所《しんじょ》にやった。やがて項羽も寝所に入るべく一同に背を向けたとき、(五)肩が落ち

〔　月　日〕

時間 20分　得点

解答▶別冊4ページ

漢字（各2点）

a ヘンセイ〔　　〕

b シキ〔　　〕

c シュツゲキ〔　　〕

d オクソク〔　　〕

e 譬え〔　　〕

語句

壮士…元気盛んな若者。

壮丁…労役や兵役にあたる青年。

馳駆…駆け回ること。

極所…先がなくきわまったところ。最終点。極点。

境涯…身の上。境遇。

ていた。

□(1) 傍線部㊀では、なぜ「矛盾」しないと言えるのですか。理由を説明しなさい。(8点)

□(2) 傍線部㊁における、項羽の心情を説明しなさい。(8点)

(3) 傍線部㊂では、

□① なぜ「オクソクすることができない」のですか。理由を説明しなさい。(5点)

□② また、このときの「側近」の心情を説明しなさい。(5点)

□(4) 傍線部㊃の内容を、わかりやすく説明しなさい。(6点)

□(5) 傍線部㊄における項羽の様子として適切なものを次から選び、記号で答えなさい。(8点)

ア 連日の戦いで疲れ果ててしまっている。
イ 闘死を覚悟して恐怖を感じている。
ウ 運命の決断がなかなかできず、悩んでいる。
エ 平然を装っているが、敗北を覚悟している。

解答欄

(1)

(2)

(3) ① ②

(4)

(5)

8 随筆 金閣と水俣《みなまた》——水上勉

私の①九歳半から世話になっていた寺院のシンセキ[a]である鹿苑寺の「金閣」が焼けた。二十五年の七月であった。[A]だった。林養賢君が逮捕された。林君は私と郷里が近かった。私よりも年少だったし、私が金閣へ行った頃はまだ故郷にいた。私は会っていなかったが、新聞記事や号外をよんで、林君が金閣を焼いた[B]事情がよめた。いろいろな新聞が憶測を書き、本人も自供で放火の動機を説明した。しかし、それは*腑に落ちないことであった。というよりは、林君は、警察官にたずねられて留置場でふたことみことというくらいで、その[C]をいえなかったろうという私の思いである。不思議なことだが、誰の文章をよんでも金閣寺がその犯人を養育してきていたということについての「謎」にふれていなかった。

三島由紀夫さんが「金閣寺」を発表した。連載時分から興味をもって読んだ。②べつの音楽がきこえてきて、そのセンリツ[b]はわかったが、不満はかくせなかった。山下清という画家がいったことばだが、「兵隊の位にすると」、というのがあった。③三島さんの美学は、それでいえば将官以上で、元帥[c]の出てくるようなところがあり、[D]の美学ではなかった。林養賢君ともちろん「金閣寺」の主人公はちがうにしても、作者の視線は、若狭に育った[E]な者の嗅ぎあてている事件への関心とはべつのものであった。(私はのち大衆小説「五番町夕霧楼」を書いて、林君の人間について*かい撫《な》でしたにとどまった)貧困と宗教、犯罪。この三つのことを考えさせる意味ではもっとも関心をもたされてきている事件である。だがまた、じつはこのことで、私は真剣にこのメイダイ[d]に取り組んでいない。林君だけでなく、私もずいぶん貧困のために歪み[e]ながら、*禅林で育ってきた。そう云いきれる自信はある。歪みはいいことであろうはずはないが、禅宗という、とりわけて臨済派の教団禅というものが、*喝食《かっしき》とよぶ私たちを歪めていたことについて私はもっともっと語らねばならぬ。そのことを考えあらためさせてくれる事件であった。私は何もしないでそのまま今日になってしまっているが、やがて④このことは果たさねばならない。

(一部変更がある)

〔　月　日〕

時間 20分

得点

解答▸別冊5ページ

漢字 (各2点)

a シンセキ〔　　〕

b センリツ〔　　〕

c 元帥〔　　〕

d メイダイ〔　　〕

e 歪み〔　　〕

語句

腑に落ちない…納得がいかない。

かい撫で…物のうわべをとらえているだけで、深くは知らないこと。

禅林…禅宗の寺院。禅寺。

喝食…寺院で召し使われた少年。

□(1) 傍線部①と同じ意味の「の」を次から選び、記号で答えなさい。（4点）

ア 彼のまちがいで、みんなが迷惑した。
イ あなたのまなざしが気になります。
ウ 自分の言ったことには責任を持ちなさい。
エ 私の勝手な行動が事故をまねいたのです。

□(2) 空欄A・C・Eに入る語句を文中からそれぞれ漢字二字で抜き出しなさい。（各4点）

□(3) 空欄B・Dに入る語句を次から選び、記号で答えなさい。（各3点）

B　ア 正確な　イ すべての　ウ あらかたの　エ 少しばかりの

D　ア 軍隊　イ 兵卒　ウ 衛生兵　エ 敵兵

□(4) 傍線部②の意味を次から選び、記号で答えなさい。（5点）

ア 自分の趣味に合わない音楽がどこかから流れてきて
イ 自分とは別の発想が読み取れて
ウ 読書中に、次から次へと違う音楽が流れてきて
エ ラジオから自分のリクエストではない音楽が流れてきて

□(5) 傍線部③に近い立場の発言を次から選び、記号で答えなさい。（5点）

ア 太った豚よりやせたソクラテスになれ。
イ パンがないならお菓子を食べればいいじゃありませんか。
ウ はたらけどはたらけど猶《なほ》わが生活楽にならざりぢつと手を見る
エ 天は人の上に人を作らず。人の下に人を作らず。

□(6) 傍線部④はどのような内容を指していますか。三十字以内でまとめなさい。（句読点も一字に含む）（8点）

解答欄

(1)

(2) A　C　E

(3) B　D

(4)

(5)

(6)

9 評論 科学の目 科学のこころ —— 長谷川眞理子

〔　月　日〕

時間 20分　得点

解答▶別冊5ページ

デカルトが述べたことで、もう一つ、科学の発展にとって非常に重要だったことは、世界の真実の状態と、われわれが五感で認識する世界の状態とは、必ずしも同じものではないかもしれないという指摘にある。私たちは、地面の上に空が広がり、空は青くリンゴは赤いと認識するが、そうやって私たちが認識する通りのものが、まさに世界の物質の実体であるとは限らない、と彼は指摘した。

①このことも、デカルト以前の時代には、はっきりと認識されてはいなかった。物体が落ちるのは、まさに「上から下」に向かって落ちるのであり、色には、私たちがみるとおりの②「赤」なら「赤」の本質というものがあると思われていたのである。

事実は、万有引力の法則によって物体がタガいに引き合うのであり、「上から下」へは、たまたま地球が非常に大きいために、地上のものはみな地表に引きつけられるから起こることである。色も、じつはいろいろな波長の電磁波であり、私たちの網膜の細胞にカンキされるインパルス*の違いが、異なる色として認識されるだけである。

③これは、デカルトのたいへんな慧眼《けいがん》*であったと私は思う。人間は、なかなか、自分自身にとっての現実から逃れられないものだ。自分の実感と世界の真の姿との間に、なんらかのずれがあるかもしれないなどと気づくのは、なみたいていのことではないだろう。

しかし、そこでつぎにまた④疑問がわく。私たちの世界の認識は、世界の真の姿とは関係がなく、なんら特別なコンキョのない把握の仕方なのだろうか。それとも、まったく同じものを把握しているのではないとしても、私たちの世界の認識は、なんらかの形で真実と対応した認識の一形態なのだろうか。つまり、私たちの世界の認識の仕方は、まったく無作為*、任意の、たまたまグウハツ的になされる勝手なものなのか、それとも、なんらかの真実との対応をもっているものなのか、ということである。

これは、科学的知識の確かさについての、昔からの議論の題材である。さらに、最近のポストモダン*の相対主義者ならば、科学も、ある個人の世界の認識も、すべては、単に一つの見方、勝手な構築にすぎないという

漢字（各2点）

a タガい〔　〕
b カンキ〔　〕
c 逃れられない〔　〕
d コンキョ〔　〕
e グウハツ〔　〕

語句

インパルス…視覚などの刺激が神経線維を伝わる電気的興奮。
慧眼…するどい洞察力。
無作為…意思が関与せず、たくらみごとがないこと。
ポストモダン…現代という時代を「近代以後」として捉えたときの言葉。
アクロバティック…曲芸的な。

のだろう。

　しかし、私はそうは、思わない。私たちが世界をどのように認知するかは、私たちという生物種が、ある特定の生態学的位置の中で生存していく上で、役に立つような仕方に作られているはずだ。私たちは、空を飛ばずに地上を歩く生物なので、三次元的な*アクロバティックな運動や感覚には優れていない。一方、昼間に活動する生物なので、色や明暗の識別には長けている。その意味では、私たちの感覚世界は制限を受けている。しかし、私たちの認識は、確かに、世界の真実の一部と対応している。

□(1)　傍線部①の指し示す内容を「……こと」に続く形で文中から三十五字で探し、最初の五字を抜き出しなさい。（4点）

□(2)　傍線部②とあるが、どういうことか。適切なものを次から選び、記号で答えなさい。（6点）

　ア　リンゴが赤色であることには、何らかの必然性があるのだということ。

　イ　リンゴの赤色をどのように感じるかは、人によって違うということ。

　ウ　色とは、その色の根源的な性質として現れたものだということ。

　エ　色とは、何らかの必然性があって決められたものであるということ。

□(3)　傍線部③のように筆者が考える理由を説明しなさい。（10点）

□(4)　傍線部④の疑問に対する答えを、わかりやすく述べなさい。（10点）

□(5)　傍線部⑤とあるが、文中で述べられた人間の「生態学的」な特徴について、説明しなさい。（10点）

✏ 解答欄

(1) ▢▢▢▢

(2) ▢

(3) ▢

(4) ▢

(5) ▢

章末問題

評論　日本語は生きのびるか —— 平川祐弘

時間 20分　得点

解答・別冊6ページ

〔　月　日〕

二十一世紀は英語を母語とする人々に有利となるであろう。それというのも英語という言葉に含まれている価値観が世界的な価値観として広く通用し出すからである。

グローバル市場に働く論理はaケイザイだけでなく、その他の面でも世界的に共通する規制や規格や価値観を押し付ける。英語が米英のみならずEUにおいても、いや東アジアにおいても、共通語の地位を占める二十一世紀、非英語人の多くにとっては言語についても英語の使用を「押し付けられた」のが現実である。だがこれとてもただ受身的な受けとめ方をするべきではあるまい。英語をb駆使することが日本人にも与えられたチャンスであり、①日本のサーヴァイヴァルもその駆使能力にかかっていると観念するべきではあるまいか。

もちろん世間が英語の使用をいわば②所与の条件として受け容れてしまえば、英語の得意、不得意によって日本人も選別され差別されることになる。インドや東南アジアでは英語の出来不出来によって賃金収入にもすでに大差があるという。日本人も次第にその言語的分水嶺 English divide を自覚するようになるだろう。それというのもこれから先、日本人は言語能力によって区別され、差別されるからである。いやすでに日本国内でも英語の能力によって入学試験や就職や給料にその差はcハンエイしている。元来が非英語人であるわれわれの多くはこの③「英語の世紀」という格差世界において不利な戦いを強いられる。英語力においてネイティブには敵《かな》うべくもない。

このような時期には④攘夷《じょうい》鎖国的心理がよみがえることは避け難い。

しかしこれから先のグローバル社会では、わが国の生存のためにも、言語的・文化的差異を克服した二言語・二文化を一身に体得した、バイリンガルでバイカルチュラルな日本人を養成する必要がある。わが国の当局者に外国語でd太刀打ちできる実力がなければ、日本は他国と競争裡に協調し、自己の意思を上手に通じさせて、生きてゆくことは難しくなり、日本が国際社会の中で名誉ある地位を保つことは心もとないだろう。だが、そうはいっても日本の知的選良は外国産の価値観にeクップクする人であってはならない。自分自身の文化的アイデンティティーは大切に保持することも望みたい。この⑤両面作戦を戦うのは容易ではない。〈中略〉

そして、世間一般がバイリンガルになる時代においてもなお発言力を持ちうる知識人であるためには、英語だけでは足りないだろう。トライリンガルな、第二外国語をも駆使し得る、三点測量のできる能力が求められるに相違ない。そのような多力者こそ、より公平な判断を下しうる、この地球社会の安定的要素になるに相違ない。そのような多力者の存在は、実は世界各国に求められているのである。そしてそのような多力者となるためには、後天的に学習することが難しいとされる日本語のような言語を母語として習得している⑥日本人は、他国の多力者たらんとする人々に比べて、けっして不利な地位に立たされているわけではないのである。

□(1) 点線部a～eのカタカナは漢字で、漢字は読み方をひらがなで書きなさい。(各2点)

a	d
b	e
c	

□(2) 傍線部①とあるが、このサーヴァイヴァルに失敗すれば日本はどのようになるのか、文章中の言葉を用いて説明しなさい。(8点)

□(3) 傍線部②とあるが、「所与の条件として受け入れる」とはどういうことか。次から選び、記号で答えなさい。(6点)

ア 英語が話せることを、当たり前の能力であるとして特別視しないこと。

イ 国際的な場において、英語を使用するということを大前提とすること。

ウ 会議の場で英語が話せる人が多ければ、英語を優先的に使用すること。

エ 英語が得意ではない人に対しても、英語で話すことを強制すること。

□(4) 傍線部③とあるが、どのような世界か。「……世界」に続く形で、十六字で抜き出しなさい。(6点)

世界。

□(5) 傍線部④とあるが、筆者は日本人がどのような態度をとることを危惧しているか。簡潔に説明しなさい。(6点)

□(6) 傍線部⑤とあるが、どのようなことを指すか。簡潔に説明しなさい。(6点)

□(7) 傍線部⑥とあるが、筆者がこのように言うのはなぜか。(8点)

第1章 第2章 第3章

10 随筆 おはなしおはなし〈自己実現〉 ―― 河合隼雄

ノイローゼや悩みの相談を受けているうちに、われわれのセンパイ[a]の臨床家*たちは、単に悩みの解決などということを超えて、「自己実現」ということが大切であると考えはじめた。そのうちこの「自己実現」という言葉も一般化して新聞や雑誌などにも書かれ、今ではおそらくたいていの人が知っているほどになった。しかし、言葉が一般化することは恐ろしいことで、そこにはゴカイ[b]がつきまとい、それにまどわされる人も多く出てきた。そこで、もう一度きっちりと捉え直す必要があると感じたのでその話をした。

「自己」を実現する、というと、ともかく「自分のやりたいこと」をできる限りすること、そして、それは幸福感に満ちたものなどと思う人がいる。「自己実現を目標にして努力している。」とか、「自己実現を達成した」などと言う人さえ出てくる。しかし「自己実現」というのはそんななまやさしい*ことではない。

実現しようとする①「自己」とはいったい何なのだろうか。奥底に存在して「実現」を迫ってくるものは、混沌[c]そのものと言っていいほどつかみどころのないものなのだ。②自分の意識では簡単にコントロールできない力に対して、どうしようもないと感じつつ社会の組織や自分を取り巻く多くの人達との間に何とか折り合い*をつけてゆかねばならない。そのときに出世とかお金もうけとか、一般の評価の方に従いすぎると、たとえ社会的にはショウサン[d]されるかも知れないが、「自己実現」の道筋からはずれてくるかも知れない。

［A］の『道草』は自己実現ということを感じさせてくれる名作である。主人公である健三という中年男性は、自分の意志とは関係なく、周囲に現れてくる人たちとの間の葛藤[e]や、妻との間のどうにもならない感情の行き違いに、どうしようもない思いをしつつ生きている。健三は自分の「本職」としての大学教授の仕事をやろうとしつつ、変なゴタゴタに巻きこまれ「道草」ばかりくわされたと思っている。しかし、彼が「道草」と思っているそのことが、高い次元から見れば、自己実現の道を歩んでいることになる。『道草』のなかには、そのような高い視点からの見方が、どうしようもないやり切れなさを感じつつ生きている健三の姿の描写のなかに、うまく入り、それが自己実現の道筋であることを示してくれる。

明確な目標があってそれに到達するなんてものではなく、生きていることそのままが自己実現の過程であり、

〔　月　日〕

時間 20分　得点

解答▸別冊7ページ

漢字（各2点）

a センパイ〔　　〕
b ゴカイ〔　　〕
c 混沌〔　　〕
d ショウサン〔　　〕
e 葛藤〔　　〕

語句

臨床家…病人を実際に診察して治療する医師。

なまやさしい…たやすい。簡単である（多く、あとに打消の語を伴う）。

折り合いをつける…協調すること。妥協。

その過程にこそ意味があるのだ。従って、よそ目には「道草」に見えるかも知れないが、それが自己実現の過程になっている、と考えられる。

□(1) 点線部c「混沌」、e「葛藤」の意味を答えなさい。(各4点)

□(2) 空欄Aに入る『道草』の作者の名前を漢字で答えなさい。(6点)

□(3) 傍線部①の「自己」を他の言葉で表現している部分を、文中から六字以内で抜き出しなさい。(6点)

□(4) 傍線部②に対して人が抱く感情を表現している部分を、文中から十五字以内で抜き出しなさい。(6点)

□(5) 「自己実現」という言葉は、どういう意味で一般化されているのですか。文中の言葉を使って答えなさい。(8点)

□(6) 筆者が最も主張したいと思われる内容を次から選び、記号で答えなさい。(6点)

ア 言葉が一般化することは恐ろしいことで、「自己実現」という言葉も内容を取り違えている人が多い。

イ 明確な目標を設定し、それに向かって着実に努力することこそ「自己実現」の方法として最適である。

ウ 生きていることがそのまま「自己実現」の過程であり、その過程にこそ意味があると言えるのである。

エ 「自己実現」の道筋は、出世とか金もうけとかにはなく、社会に貢献する仕事の中にこそある。

解答欄

(1) c

e

(2)

(3)

(4)

(5)

(6)

11 評論 君子、危うきに近寄らず —— 亀山郁夫

翻訳の作業を進めながら、これはほんとうにロシア語を母語とする作家が書いたものだろうか、と疑うことが何度もあった。動詞と副詞の時制上の[a]フイッチ、意識的な[b]迂回表現、異常に多用される「いま」と「すでに」（そういえば、ドストエフスキーは「ふいに」と「とつぜん」のオンパレードだった）、俗語の[c]頻用……しかし、歪《ゆが》みきった原文から見えてきたのは、壊れた現実とできるだけ等価な世界を作りあげようという作家の執念である。現実の世界がこれだけ壊れているのに、①文章だけが平気な顔をしていられるものか——。今にして思うのだが、『*土台穴』には、原文それ自体のもつ恐ろしい歪みからして、すでに、スターリン時代という壊れた「原文」にたいする一種の翻訳としての役割がになわされていたのではないだろうか。だから、②これはロシア語ではない、と感じたその[d]シュンカン、翻訳者の立場は根本から[e]ユらぎはじめたといって過言ではないのである。

「現実」と限りなく等価に近いものを作りあげたい——それは、*イズムとかかわりなく、作家、翻訳者がとらえられる根本的な欲求である。問題は、「現実」が何なのか、ということにつきている。プラトーノフは、現実の悲惨を「翻訳」しようとして、おのれのロシア語に暴力を加えた。暴力を加えることを、現実の③「翻訳者」である作家として正しい道と考えたのである。だから、原文の翻訳者も当然のことながら、作家のその執念にある程度応《こた》えなくてはならない。原文がここまで壊れているのに、翻訳がどこまでも平気な顔をしていられるわけはないからだ。ただし、かりにその執念に殉じすぎれば、出版そのものが成り立たなくなることは目に見えている。④なんというジレンマだろうか。おまけに、翻訳者の仕事には、どこまでも「翻訳」の烙印《らくいん》がつきまとう。しかし、「翻訳」ならまだしも、作家の執念に殉じようという切なる思いが、いつのまにか⑤「重訳」という、とんでもない結果にすりかわる可能性だってある。そうなるともう、翻訳者の名誉など、ないにも等しいではないか。

（　月　日）

時間 20分

得点

解答・別冊7ページ

漢字（各2点）

a フイッチ（　　）

b 迂回（　　）

c 頻用（　　）

d シュンカン（　　）

e ユらぎ（　　）

語句

土台穴…ロシアの作家、プラトーノフの作品。

イズム…主義・主張。

□ ⑴ 傍線部①の説明として適切なものを次から選び、記号で答えなさい。（8点）

ア 壊れた現実世界と照応しない、整った言葉と文法で描写すること。

イ 壊れた現実世界を、あろうことか平然と理想化して描写すること。

ウ 壊れた現実世界に対応するように、文章もひどく稚拙で生硬なこと。

エ 壊れた現実世界から目を背けて、筆者の内面世界を描写すること。

□ ⑵ 傍線部②のように筆者が感じた根拠が述べられている一文を文中から探し、最初の五字を抜き出しなさい。（8点）

□ ⑶ 傍線部③と同じ内容が述べられている部分を、文中から三十五字以内で探し、最初と最後の三字を抜き出しなさい。（8点）

□ ⑷ 傍線部④はどういうことですか。わかりやすく説明しなさい。（8点）

□ ⑸ 傍線部⑤について説明した次の文の空欄1・2に入る適語を、1は五字、2は三字で答えなさい。（各4点）

作家が［1］を「翻訳」したものを、さらに［2］に翻訳すること。

解答欄

⑴

⑵

⑶ 〜

⑷

⑸ 1

2

第1章 第2章 第3章

12 評論 日本語の文法を考える――大野 晋

①そういう状態を物語る例を一つここで出してみたい。これはよく引かれる有名な話である。『宇治拾遺物語』に佐太《さた》という名の侍の話が記されている。たいした身分でもない佐太は自分の着ていた*水干《すいかん》のほころびを直せと、無作法に物縫いの女房のところへ投げ込んだ。ところが、もとは京女であったのに、だまされて田舎に居ついたその女房は、水干を直しもせずに投げ返した。直せといったほころび目に歌が書いて結びつけてある。その歌には、「われが身は竹の林にあらねどもさたが衣を脱ぎかくるかな」と書いてあった。

この歌は、故事をふまえてつくられている。*薩埵《さった》太子が、餓えた虎に自分の身をあたえて虎を救ったという仏教の有名な話がある。太子は自分の衣を竹の林に脱ぎかけ、虎の前におのが身を臥せて食わせたという。説教を聞いてその説話を知っていたその女房は「薩埵」と、「佐太」との音がかようところから、その故事をふまえ、「自分の身は、あの薩埵太子が衣を脱いでかけたという竹の林でもないのに、佐太が衣を脱いでかけてくること」という、この歌をつくった。無学の佐太は、この歌を見て激怒し、

目つぶれたる女人かな。ほころび縫ひにやりたれば、ほころびの絶えたる所をば、見だにえ見つけずして、「さたの」とこそ言ふべきに……何ぞ、*わ女め、「さたが」と言ふべきことか……（宇治拾遺物語九三）

と言った。この田舎者の侍は女に向い無作法な態度で自分の着物のほころびを直せとほうり込み、女の気をひいたつもりだったけれども、京女としての誇りと教養とを持つ女房はそれを相手にせず、仏教の説話をふまえて薩埵ならぬ「さたが衣を脱ぎかくるかな」と歌をつけてつっかえした。それに対して佐太は薩埵と佐太との[A]の巧みさなどには気づかず、ただ②自分がノで遇されずガで遇されたことを怒っている。

これは、伝統文化の中で育ち、それなりの教養のある人間と、aソボウながら社会的な地位のあがりつつある人間との間の出来事を*活写している話だと思うが、③当時の社会の人たちがいかに人間関係の上下の扱いについて、言葉の面でも鋭い神経を働かせていたかを示している。つまり平安時代までの上下関係の固定していた社会では、当然相互に使うべき言葉が決まっていた。ところが、院政時代から鎌倉時代にかけて、古代社会の身分関係はbホウカイしてきて、それは大いにcドウヨウした。東国の武士は活動し、鎌倉幕府が支配権をとり、

〔　月　日〕

時間 20分 得点

解答▸別冊8ページ

漢字（各2点）

a ソボウ〔　　〕
b ホウカイ〔　　〕
c ドウヨウ〔　　〕
d 下剋上〔　　〕
e タイグウ〔　　〕

語句

水干…狩衣《かりぎぬ》の一種。色は多くは白で、古くは民間の常用服であった。

薩埵太子…菩提埵太の略。菩薩。仏に次いで、人々を救うもの。

わ女…ここの「わ」は接頭語で、女を軽侮する意味。

いわゆる下剋上の時代に進んでいった。下層の民衆とされた人たちの生産技術は向上し、商品流通は拡大して、古い人間関係をくつがえす経済力の成長が明らかになってくる。新しい人間関係がつくられようとする社会では対人関係における相手のタイグウの仕方が人々の関心の的であった。

活写…生き生きと映し出すこと。

□(1) 空欄Aに入る和歌の修辞法を表す言葉を答えなさい。（6点）

□(2) 傍線部①の具体的な内容を示す部分を、文中から抜き出しなさい。（9点）

□(3) 傍線部②とは、人間関係において、どのように扱われたことを意味するのですか。わかりやすく説明しなさい。（8点）

□(4) 傍線部③の社会の特徴を述べた部分を、文中から二十字以内で抜き出しなさい。（9点）

□(5) 本文の内容と一致するものを次から選び、記号で答えなさい。（8点）

ア 佐太は田舎侍であったので、和歌の意味も全くわからず、歌を返すこともできなかった。

イ 佐太は無学であるものの、京女の歌にある、文法的な誤りを見つけ出すことはできた。

ウ 当時、侍は社会的地位が上がりつつあったので、佐太の依頼を断るのに、和歌を用いて遠まわしに言った。

エ 上下関係は、相手をどのように扱うかに注意を払わせることになるので、必然的に言葉に対して敏感にさせる。

オ いつの時代も、対人関係においてどのように扱われるかが上下関係を決定するので、言葉に対する人々の関心が高まる。

解答欄

(1)

(2)

(3)

(4)

(5)

13 小説 風立ちぬ ―― 堀 辰雄

（　月　日）

時間 20分

得点

解答▸別冊9ページ

そんな日の或る午後、（それはもう秋近い日だった）私達はお前の描きかけの絵を画架*に立てかけたまま、その白樺の木蔭に寝そべって果物をかじっていた。砂のような雲が空を［A］と流れていた。そのとき不意に、何処《どこ》からともなく風が立った。私達の頭の上では、木の葉の間からちらっと[a]覗いている①藍色が伸びたり縮んだりした。それと[b]殆ど同時に、草むらの中に何かが［B］と倒れる物音を私達は耳にした。それは私達がそこに置きっぱなしにしてあった絵が、画架と共に、倒れた音らしかった。すぐ立ち上って行こうとするお前を、私は、いまの一瞬の何物をも失うまいとするかのように無理に引き留めて、私のそばから離さないでいた。お前は私のするがままにさせていた。

風立ちぬ、いざ生きめやも。

ふと口を衝《つ》いて出て来た*そんな詩句を、私は私にもたれているお前の肩に手をかけながら、口の裡《うち》で繰り返していた。それからやっとお前は私を振りほどいて立ち上がって行った。まだよく乾いてはいなかったカンバスは、その間に、一面に草の葉をこびりつかせてしまっていた。それを再び画架に立て直し、パレット・ナイフでそんな草の葉を除《と》りにくそうにしながら、「まあ！　こんなところを、もしお父様にでも見つかったら……」お前は私の方をふり向いて、なんだか②曖昧*な微笑をした。

「もう二三日したらお父様がいらっしゃるわ」或る朝のこと、私達が森の中をさまよっているとき、突然お前がそう言い出した。私はなんだか③不満そうに黙っていた。するとお前は、そういう私の方を見ながら、すこししゃがれたような声で再び口をきいた。「そうしたらもう、こんな散歩も出来なくなるわね」「どんな散歩だって、しようと思えば出来るさ」私はまだ不満らしく、お前の④いくぶん気づかわしそうな視線を自分の上に感じながら、しかしそれよりももっと、私達の頭上の[c]コズエが何とはなしにざわめいているのに気を奪《と》られているような様子をしていた。「お父様がなかなか私を離して下さらないわ」私はとうとう焦《じ》れったいとでも云うような目つきで、お前の方を見返した。「じゃあ、僕達はもうこれでお別れだと云うのかい？」「だって仕方がないじゃないの」

漢字（各2点）

a 覗いている（　　）
b 殆ど（　　）
c コズエ（　　）
d アキラめ（　　）
e クチビル（　　）

語句

画架…洋画を描くとき、カンバス（画布）を立てかけてのせる三脚の台。イーゼル。

口を衝いて出て来た…つぎつぎと言葉が出る様子。

曖昧…はっきりしない様子。

つとめて…できるだけ。

そう言ってお前はいかにも[d]アキラめ切ったように、私に*つとめて微笑《ほほえ》んで見せようとした。ああ、そのときのお前の顔色の、そしてその[e]クチビルの色までも、⑤何と蒼ざめていたことったら！

□(1) 空欄A・Bに入る語句を次から選び、それぞれ記号で答えなさい。(各4点)

A　**ア** はらはら　**イ** ひらひら　**ウ** さらさら　**エ** ゆらゆら

B　**ア** ぱったり　**イ** どさっ　**ウ** がらがら　**エ** ごろり

□(2) 傍線部①は、何のどのような様子を表現しているのですか。わかりやすく説明しなさい。(6点)

□(3) 傍線部②における、「お前」の気持ちを説明しなさい。(6点)

□(4) 傍線部③における、「私」の気持ちを説明しなさい。(6点)

□(5) 傍線部④と同じような気持ちを表している「お前」の動作を、文中から抜き出しなさい。(6点)

□(6) 傍線部⑤において、なぜ彼女は「蒼ざめていた」のですか。その理由を説明しなさい。(8点)

解答欄

(1) A　B

(2)

(3)

(4)

(5)

(6)

14 評論 天の穴・地の穴 ―― 立松和平

〔　月　日〕

時間 20分　得点

解答▶別冊9ページ

ひとつの工場、ひとつの湖、一本の川について、環境を考えればよい時代は過ぎてしまった。海は世界中とつながっているし、同じ空は地上に生きるすべての生物の頭上を[a]覆っているのである。しかも、人間としてこの文明の中で生きるということが、どんな思想を持っていようと、たとえ善意の持ち主であろうと、地球を確実に破壊へと追いやっている。①そんなやっかいな時代に私たちはいるのだ。（　A　）

フロンは二十世紀最大の発明ともいわれ、私たちの暮しを快適にしている。集積回路、スプレー、発泡スチロール、ポリウレタン製品、クーラー、冷蔵庫と、こうして数えあげただけで、私たちの生活の隅々にまではいり込んでいることがわかる。どんな場所に立っても、たいていひとつぐらいはフロンの使われている製品が目につくはずだ。（　B　）

フロンという化学的に安定な物質は、いかなるものとも反応しない。自然界には存在しない化学物質である。この過剰*な存在のフロンは、地球最大の[b]ジョウカ装置である海にも溶けず、雨によって大気から洗い落とされもせず、いかなる生物とも相互作用をしない。（　C　）

孝行息子から急に鬼子*になってしまったフロンは、地上で生成されてから十年以上もかけて成層圏の上部に達し、オゾン層をむしばむ。数十億年かけて形成されたとされるオゾン層は、太陽からの有害な紫外線をさえぎり、地球の生命[c]イジ装置となっているのである。南極上空で観測された、まるで穴があいたようにオゾン層が極端に減少したオゾンホールは、恐ろしいことが起こる前触れなのである。（　D　）

果てしもなく快楽を追求してきた現代文明を[d]キョウジュしている私たちは、全員が加害者である。おそらくどんな奥地にいったとしても、フロン関連製品を使わずに生きてきたという人は、好むと好まないにかかわらず一人もいないのではないだろうか。そんな自分の存在を忘れて文明批評をしようものなら、たちまち②唇が寒くなってしまうのである。（　E　）

ではどうしたらいいのだろうか。とりあえずフロン製品を③できるだけ使わないようにする、ということぐらいしかできないのだ。私たちは必ずやってくる破局*を待つ重態の患者のようである。対処*療法はもうすでに遅

漢字（各2点）

a 覆っている〔　〕

b ジョウカ〔　〕

c イジ〔　〕

d キョウジュ〔　〕

e グチョク〔　〕

語句

過剰…ありあまる様子。

鬼子…親に似ない子。

破局…悲劇的な結末。

対処…物事に対して、適切な処置をとること。

く、精神安定剤を服用してかろうじてその時その時をやり過ごしている。本当のことを考えないようにして、赤信号をみんなで手をつないで渡っているのだ。（　F　）

空に穴があいてそこから破壊的な紫外線が降ってくるなどと、かつて誰が考えただろうか。私たちは壮大な消費文明をこしらえたが、一人ひとりにしてみればグチョクに勤勉に働いてきたにすぎない。その盲目的ともいうべき勤勉さが、取り返しのつかないことをしでかしてしまっているのだ。

□(1) 次の文は、空欄A〜Fのどこかに入ります。その箇所を記号で答えなさい。（8点）

これまで他の生物と共存しようとせず、収穫を重ねてきた人間のようではないか。

□(2) 傍線部①とは、どのような時代ですか。文中の語句を使い、わかりやすく説明しなさい。（8点）

□(3) 傍線部②について、ここではどういう意味ですか。適切なものを次から選び、記号で答えなさい。（8点）

ア 自分の文明批評の内容は、どう考えても正しいので、読者の心を寒々とさせてしまうということ。

イ 自分の文明批評の内容が、真実とかけ離れていて、我ながらあまりにもそらぞらしく感じてしまうということ。

ウ 自分の文明批評の内容が、ものの本質をあばきだしているため、読者を寒々とした気分にさせるということ。

エ 自分の文明批評の内容が、自分自身にも向かってきて、むなしい気持ちになってしまうということ。

□(4) 傍線部③は、傍点でどういうことを強調していますか。（8点）

□(5) 筆者は現代の我々の状況をどのようにとらえていますか。最も適切な語句を文中から十字以内で抜き出しなさい。（8点）

解答欄

(1)

(2)

(3)

(4)

(5)

15 評論 柔らかい個人主義の誕生 —— 山崎正和

誰の眼にも明らかなように、青春はまず生理的に等質的であって、人生のほぼ同じ時期に万人を訪れ、肉体的にも精神的にも、ほぼ同質の問題と生活環境とを提供する。だが、老年は生理学的にもはなはだ曖昧な概念であって、五〇歳で衰弱の域にはいる人間もあれば、八〇歳で*矍鑠《かくしゃく》と活躍している人物も見かけられる。［A］ともなれば、その[a]サイは[b]雲泥のへだたりを見せることになり、結婚の幸不幸、子供の気質の善悪、職業をめぐる運不運などが、青春期の友人同士を別世界の境遇に追いこむことも多い。中年以上の人間が抱える問題はひとりひとり異なっており、したがって、その解決の方法もまた、集団的な政治行動や政府の集合的な政策になじみにくい。

社会のなかに高齢者の割合が増えるということは、とかく*懸念されているように、たんに社会の無気力化をもたらしたり、保守的な硬直化をひき起こす問題だと見ることはできまい。文明国の社会的な活力は、［B］、たんに青年の生物的な体力によって支えられるものではないし、［C］青春の等質性と集団化の傾向こそ、社会を恐るべき保守的硬直や*ファシズムに追いこむことが考えられる。［D］社会の高齢化がもたらすものは、こうした多様な生活者の多様な感受性の支配であり、風俗や世界観にかかわる、社会の気風のいちじるしい多元化であることが予想される。［E］、もっとも大きな影響を受けるのは、おそらく、さまざまな流行現象のかたちであって、思想であれ服飾であれ、今後は、社会の全体を動かす大流行が発生することは［　F　］。

また、もうひとつ予想されるのは、これまでの日本を支配してきた世代意識の変化であって、端的にいえば、新世代と旧世代を分けてきた、あの世代の観念そのものが崩壊する可能性である。(一)けだし、日本の世代対立というのは、要するに、若者とおとなの対立であり、まだ若い人間ともう若くない人間の対立であって、いいかえれば、若さという等質的で統一的なもののイメージに依存するものであった。これまでは、青年という一枚岩の世代が厳然としてあり、それが巨大な存在感をもって支配的であったからこそ、それに属さない人たちも、自分を別の世代の一員として意識したのであった。だが、いまやそういう一枚岩の世代が存在感を弱め、

〔　月　日〕

時間 20分　得点

解答▸別冊10ページ

漢字（各2点）

a サイ〔　　〕
b 雲泥〔　　〕
c 漸層的〔　　〕
d キゾク〔　　〕
e キヨ〔　　〕

語句

矍鑠…年をとっても元気で丈夫な様子。
懸念…気にかかって不安に思うこと。
ファシズム…第一次世界大戦後のドイツなどが行った一種の独裁主義的な政治形態。
漸層…次第に増えること。少しずつ増やすこと。

代わりに、それ自体が多様性を含む中年以上の人間の数が増えれば、当然、かつての対立は無意味となって、世代は漸層[c]*的な年齢差のなかに解消するはずである。

　現在の日本において、世代意識がいかに強い心理的な紐帯《ちゅうたい》として働き、眼に見えないキゾク[d]関係を作ってきたかを思えば、㈡この変化が個人の個別化にキヨ[e]する力も無視できないのである。

□(1) 空欄Aに入る語句を文中から抜き出しなさい。(6点)

□(2) 空欄B～Eに入る語句を次から選び、記号で答えなさい。(各3点)
　ア いうまでもなく　イ たとえば　ウ 逆に　エ むしろ

□(3) 空欄Fに入る語句を次から選び、記号で答えなさい。(6点)
　ア むずかしくなるにちがいない
　イ 全くなくなるにちがいない
　ウ 容易になるにちがいない
　エ 二極化するにちがいない

□(4) 傍線部㈠とほぼ同じ意味の語句を次から選び、記号で答えなさい。(6点)
　ア ところが　イ 一方では　ウ つまり　エ 思うに

(5) 傍線部㈡について、
□① 同じ内容の語句を文中から抜き出しなさい。(6点)
□② 「この変化」により生じるものを次から選び、記号で答えなさい。(4点)
　ア 無気力化　イ 多様化　ウ 集団化　エ 個別化

解答欄

(1)

(2) B　C　D　E

(3)

(4)

(5) ①　②

16 小説 灰色の月 ―― 志賀直哉

遠くの電車のヘッドライトが見え、暫くすると不意に近づいて来た。車内はそれ程込んでいず、私は反対側の入口近くに腰かける事が出来た。右には五十近いもんぺ姿の女がいた。左には少年工と思われる十七八歳の子供が私の方を背にし、座席の袖板《そでいた》がないので、入口の方へ真横を向いて腰かけていた。その子供の顔は入って来た時、ちょっと見たが、眼をつぶり、口はだらしなく開けたまま、上体を前後に大きく揺すっていた。それは揺すっているのではなく、身体が前に倒れる、それを起こす、又倒れる、それを繰り返しているのだ。居《い》睡《ねむり》にしては連続的なのが不気味に感じられた。(一)私は不自然でない程度に子供との間を空けて腰かけていた。

〈中略〉

「まあ、なんて面《つら》をしてやがんだ」という声がした。それを云ったのは会社員というような四五人の一人だった。連の皆も一緒に笑いだした。私からは少年工の顔は見えなかったが、会社員の云いかたが可笑《おか》しかったのだろう。車内にはちょっと快活な空気が出来た。

その時、丸顔の若者はうしろの男をカエリみ、指先で自分の胃の所を叩《たた》きながら、「一歩手前ですよ」と小声で云った。男はちょっと驚いた風で、黙って少年工を見ていたが、「そうですか」と云った。笑った仲間も少し変に思ったらしく、「病気かな」「酔ってるんじゃないのか」こんな事を云っていたが、一人が、「そうじゃないらしいよ」と云い、(二)それで皆にも通じたらしく、急に黙ってしまった。〈中略〉

「オイ」前に立っていた大きな男が少年工の肩に手をかけ、「何処《どこ》まで行くんだ」と聞いた。少年工は返事をしなかったが、又同じ事を云われ、「上野へ行くんだ」と(三)物憂そうに答えた。「そりゃあ、いけねえ。*あべこべに乗っちゃったよ。こりゃあ、渋谷の方へ行く電車だ」少年工は身体を起こし、窓外《そと》を見ようとした時、重心を失い、いきなり、私に寄りかかって来た。それは不意だったが、後でどうしてそんな事をしたか、不思議に思うのだが、その時は殆《ほとん》ど*反射的に寄りかかって来た少年工の身体を肩で突き返した。これは(四)私の気持ちを全く裏切った動作で、自分でも驚いたが、その寄りかかられた時の少年工の身体のテイコウが余りに少なかった事で一層気の毒な想いをした。私の体重は今、*十三貫二三百匁《もんめ》に減っているが、少年工のそれはそれよりも

時間 20分　得点

〔　月　日〕

解答▸別冊10ページ

漢字（各2点）

a 暫く〔　〕
b カエリみ〔　〕
c テイコウ〔　〕
d 硝子〔　〕
e ダメ〔　〕

語句

あべこべ…逆。反対。
反射的…ある刺激に対して瞬間的に反応したり、無意識に行動したりする様子。

遥《はる》かに軽かった。「東京駅でいたから、乗り越して来たんだ。——何処から乗ったんだ」私はうしろから聞いてみた。少年工はむこうを向いたまま、「渋谷から乗った」と云った。誰か、「渋谷からじゃ一トまわりしちゃったよ」と云う者があった。少年工はd硝子に額をつけ、窓外を見ようとしたが、すぐやめて、ようやく聴きとれる低い声で、「どうでも、かまわねえや」と云った。少年工の独語《ひとりごと》は後まで私の心に残った。近くの乗客達も、もう少年工の事には触れなかった。どうする事も出来ないと思うのだろう。私もその一人で、どうする事も出来ない気持ちだった。弁当でも持っていれば自身の気休めにやる事も出来るが、金をやったところで、昼間でもeダメかも知れず、まして夜九時では食物など得るあてはなかった。㊄*暗澹《あんたん》たる気持ちのまま渋谷駅で電車を降りた。

十三貫二三百匁…約五十キログラム。
暗澹…みじめで希望のもてない様子。

□(1) 傍線部㊀において、なぜ「不自然でない程度」に間を空けたのですか。その理由を説明しなさい。(8点)

□(2) 傍線部㊁で、どのようなことが「皆にも通じた」のですか。(8点)

□(3) 傍線部㊂のここでの意味を次から選び、記号で答えなさい。(4点)

ア 面倒くさそう　**イ** 不安そう　**ウ** 心配そう
エ 苦しそう

(4) 傍線部㊃について、

□① この「動作」を示している部分を、文中から抜き出しなさい。(4点)

□② 「私の気持ちを全く裏切った」とは、どういうことですか。わかりやすく説明しなさい。(8点)

□(5) 傍線部㊄とは、どのような気持ちですか。説明しなさい。(8点)

解答欄

(1)

(2)

(3)

(4) ①　②

(5)

17 評論

日本人にとって美しさとは何か

―高階 秀爾

アメリカも含めて、西欧世界においては、古代ギリシャ以来、「美」はある明確な秩序*を持ったもののなかに表現されるという考え方が強い。その秩序とは、左右対称性であったり、部分と全体との比例関係であったり、あるいは基本的な[a]幾何学形態との[b]ルイエン性など、内容はさまざまであるが、いずれにしても客観的な原理に基づく秩序が美を生み出すという点においては[c]イッカンしている。逆に言えば、そのような原理*に基づいて作品を制作すれば、それは「美」を表現したものとなる。

①典型的な例は、現代でもしばしば話題となる八頭身の美学であろう。人間の頭部と身長が一対八の比例関係にあるとき最も美しいという考え方は、紀元前四世紀のギリシャにおいて成立した美の原理である。ギリシャ人たちは、このような原理を「カノン(規準)」と呼んだ。「カノン」の中身は場合によっては変わり得る。現に紀元前五世紀においては、優美な八頭身よりも荘重*な七頭身が規準とされた。だが七頭身にせよ八頭身にせよ、何かある原理が美を生み出すという思想は変わらない。ギリシャ彫刻の持つ魅力は、この美学に由来するところが大きい。

[A]、この時期の彫刻作品はほとんど失われてしまって残っていない。残されたのは大部分ローマ時代のコピーである。[B]しばしば不完全なそれらの模倣作品を通して、かなりの程度まで原作の姿をうかがうことができるのは、[C]からにほかならない。原理に基づいて制作されている以上、彫刻作品そのものがまさしく「美」を表わすものとなるのである。

だがこのような実体物として美を捉えるという考え方は、日本人の美意識のなかではそれほど大きな場所を占めているようには思われない。日本人は、遠い昔から、何が美であるかということよりも、むしろどのような場合に美が生まれるかということにその感性を働かせて来たようである。それは「実体の美」に対して「状況の美」とでも呼んだらよいであろうか。〈中略〉

「実体の美」は、そのもの自体が美を表しているのだから、状況がどう変わろうと、いつでも、どこでも「美」であり得る。②《ミロのヴィーナス》は、紀元前一世紀にギリシャの植民地であった地中海のある島で造ら

時間 20分 得点 〔 月 日〕

解答▶別冊11ページ

漢字(各2点)

a 幾何学〔　〕
b ルイエン〔　〕
c イッカン〔　〕
d 鋭敏〔　〕
e フエキ〔　〕

語句

秩序…物事を行うときの正しい筋道や順序。
原理…事物や事象の根本的な法則。
荘重…態度や雰囲気がおごそかで重々しいこと。
鋭敏…感覚がするどいこと。
万古…遠い昔。または、遠い昔から現在まで。

れたが、二十一世紀の今日、パリのルーヴル美術館に並べられていてもその美しさに変わりはない。仮に砂漠のなかにぽつんと置かれても、同じように「美」を主張するであろう。だが「状況の美」は、状況が変われば当然消えてしまう。春の曙《あけぼの》や秋の夕暮れの美しさは、長くは続かない。状況の美に＊d鋭敏に反応する日本人は、それゆえにまた、美とは万古＊eフエキのものではなく、うつろいやすいもの、はかないものという感覚を育てて来た。うつろいやすいものであるがゆえに、いっそう貴重で、いっそう愛すべきものという感覚である。日本人が春の花見、秋の月見などの季節ごとの美の鑑賞を、年中行事として特に好んで今でも繰り返しているのも、そのためであろう。

□(1) 傍線部①とあるが、どのようなことについての例か。わかりやすく説明しなさい。（10点）

□(2) 空欄A・Bに入る語句を次から選び、それぞれ記号で答えなさい。（各4点）

ア では　**イ** もっとも　**ウ** しかし　**エ** たとえば　**オ** かつ

□(3) 空欄Cに入る語句を次から選び、記号で答えなさい。（6点）

ア 美の原理である「カノン」がそこに実現されている

イ 制作者が自身の美学より原作の「カノン」を優先している

ウ 原作における「カノン」を忠実に再現しようとしている

エ 同時代の作品が全て同じ「カノン」に基づいて制作されている

□(4) 傍線部②とあるが、なぜか。次から選び、記号で答えなさい。（6点）

ア 人体の美の基準は、時を隔てても大きく変わることがないから。

イ ルーブル美術館が、美術品を完璧な状態で保存しているから。

ウ 状況に影響されないそれ自体の美しさを表現したものだから。

エ 誰が見ても感動する、普遍的な美しさをもった作品だから。

□(5) 日本人にとっての美とはどのようなものか。「状況の美」「実体の美」という言葉の意味を明らかにして説明しなさい。（10点）

解答欄

(1)

(2) A　B

(3)

(4)

(5)

18 評論 日本の文章――外山滋比古

いまから三百年ほど昔のこと、イギリスにジョン・バニアンという人がいて、『天路歴程』というたいへん有名な本を遺《のこ》した。内容は*敬虔《けいけん》な宗教文学であるが、その文章が簡潔で*雄渾《ゆうこん》、英語散文の範とされている。ところが、このバニアンは、ほとんど教育らしいものを受けたことがない。それでどうしてこういう名文が書けるようになったのかというと、『聖書』を繰りかえし繰りかえし読んで①倦《う》むことを知らなかった。そういう読書を通じて、正規の教育の与えてくれる以上のものを身につけたのである。ほかの本はほとんど読まなかったとも伝えられているから、文字通り〝一書の人〟だったことになる。

『欽定《きんてい》英訳聖書』は平明で、力強く、aコウヨウした感情を伝えるに適した文体で知られる。近代英語散文の基本というのがbシュウモクの一致した見方である。ほかのものには目もくれず、ひたすらこの聖書だけを反覆《はんぷく》*繙読《はんどく》したのは、またとない文章修行であったことになる。「教育のない」バニアンなどというのは的外れもはなはだしいと言わなくてはならない。

バニアンのように徹底して聖書の影響を受けた例はさすがにすくないが、ほとんどすべての近代散文に大なり小なり聖書の影が認められる。聖書は信仰の大黒柱であるにとどまらず、文章のcシシンでもあった。イギリス人の間に文章についての暗黙の国民的同意があるとするならば、その最大公約数に聖書の文体があるとしても過言ではない。わが国でも②それに近いことはかつてあったように思われる。およそ学問をし、文章を綴《つづ》るほどの人なら、だれでも漢文を学び、[A]を読んだ。それに基づく基本的合意が知識人の間に成立している。読書界はいかなる文章を読むかについての見当をもつことができ、文筆をとるものは、いかなる文章が期待されているかを心得ていた。共通読書の保証された社会だからである。

ところが、漢字のdスイビとともに、この共通読書が消滅してしまった。国民皆読の書はない。もっとも広く読まれているのは夏目漱石であろうが、それでもすべての人が読んでいるわけではない。かりに読んでも、たんなる通読ではあまり意味がない。聖書や論語が繰りかえし読まれたように読まれるのでないと、文章について[B]は生まれにくい。戦前は国定国語教科書や、教育勅語、軍人勅諭などが、いくらか表現についての共

〔　月　日〕

時間 20分

得点

解答▼別冊12ページ

漢字（各2点）

a コウヨウ〔　〕
b シュウモク〔　〕
c シシン〔　〕
d スイビ〔　〕
e 謳歌〔　〕

語句

敬虔…慎み深くする様子。
雄渾…力強く勢いのよい様子。
繙読…書物をひもといて読むこと。
謳歌…気がねしないで大いに楽しむこと。
バベルの塔…旧約聖書に出てくる伝説の塔。実現不可能

通経験を与えていたが、戦後はこれらがことごとく姿を消した。ことに全国共通の小学読本がなくなった意味は大きい。国民皆読のきずなはすべて解《と》き棄《す》てられて、われわれは③文章的自由を謳歌e*した。これが④*バベルの塔に近い混乱を招くことはほんのすこししか心配しなかった。そのツケがこのごろ回ってきて、いまさらのようにあわて出し、大学の入試などにも作文を入れよう、などと言い出したのは笑止である。

な空想的計画の比喩としても使われる。

□(1) 傍線部①を、わかりやすい言い方に直しなさい。(6点)

□(2) 傍線部②の指示内容を答えなさい。(8点)

□(3) 空欄Aに入る語句を漢字四字で答えなさい。(5点)

□(4) 空欄Bに入る語句を文中から五字で抜き出しなさい。(5点)

□(5) 傍線部③の内容を具体的に説明しなさい。(8点)

□(6) 傍線部④の「混乱」を解決するために必要なのは、どのようなことだと筆者は考えていますか。本文に即して説明しなさい。(8点)

解答欄

(1)

(2)

(3)

(4)

(5)

(6)

章末問題

評論　アーリイモダンの夢 ―― 渡辺京二

時間 20分　得点　〔　月　日〕
解答▼別冊12ページ

物語といえば、歴史はしょせん物語にすぎないのかもしれない。歴史という言葉は実体としての歴史とその叙述としての歴史と、ふた通りの意味があるとはよく耳にする講釈だが、実は現実としての歴史そのものなどありはしないのではないか。

むろん事実というものはある。ある時、ある人物がもうひとりの人物を a タズねて、かくかくしかじかの話をしたという事実は存在する。ふつう歴史叙述の困難さを言う場合、そのような事実は b 厖大であり無整理であるためにそれ自体として総体的には認識できず、歴史叙述とは事実の取捨選択による文脈形成を通じて、現実の近似的な像を提供するにすぎない、といったことが指摘されるだろう。まるで明確な事実、あるいはあたう限り明確にできるはずの事実があって、それを取捨することだけが問題であるかのようだ。

しかし、①そういう一義的な事実というものも存在しないのではあるまいか。某年某月某日、私がある人物をたずねてしかじかの話をしたということが仮に叙述にあたいし、また仮にその談話の内容、その背景や場の c フンイキが忠実に再現されたとしても、その時の私の生の現実は会談自体よりずっと複雑多面的であり、②そんなものからやすやすとはみ出してしまうのだ。

私はその会談が行われた一室の窓から、庭の木立の上にかかるひとひらの雲を見たかもしれない。そのことのほうが会談自体より私の生のゆたかな実質だったかもしれない。だとすると、その会談を双方の日記の d キサイなどから事実として確定し、そのような事実の取捨によって文脈を形成してゆこうとする歴史叙述は、人間の経験の総体に対して何を語っていることになるだろうか。

人間の所有する現実、言い換えればわれわれの経験は多面的複合的かつ流動的で、それを「事実」として固定した時、すでにわれわれの生は抽象化され仮構化されている。だとすればありのままの歴史というものはなく、われわれが言葉の次元で現実を「事実」として限定し叙述した時、「歴史」は初めてわれわれの視野に出現したと言えるのだ。

③だから歴史は物語である。われわれが本来は手に負えない経験を、ある画像の継起的な展開という e 鋳型にとかしこむ時、われわれはひとつの物語を語り出でているのだ。多面的な現実を「事実」として一面化するのだから、物語は複雑化し、幾通りにも語られることができる。しかしそれゆえにこそ、その語りには④最低限の縛りがかけられねばならない。「事実」がわれわれの経験総体をいかに単純化し抽象化したものであるにせよ、想像や推理を「事実」に服属させることが歴史を物語るものの厳格な手続きであらねばならないのだ。

□(1) 点線部a～eのカタカナを漢字で、漢字は読み方をひらがなで書きなさい。（各2点）

a　b　c　d　e

□(2) 傍線部①で、なぜ「一義的な事実」は存在しないのですか。適切なものを次から選び、記号で答えなさい。（8点）

ア 歴史叙述においては、事実の取捨選択によって文脈が形成されることで、より正確な事実の像が提供されるから。
イ 事実とは、本来複雑多面的な現実の一面だけを限定して叙述したものであり、幾通りにも語られうるものだから。
ウ 歴史はしょせん物語にすぎず、明確な事実に裏打ちされた現実としての歴史そのものしか存在しないはずだから。
エ 歴史は無整理なものであり、事実を総体的に認識するためには歴史を忠実に再現する力が必要になるから。

□(3) 傍線部②が指す内容を、十五字以内で答えなさい。（8点）

□(4) 傍線部③で、なぜ「歴史は物語である」と言えるのですか。その理由を説明しなさい。（8点）

□(5) 傍線部④とは、具体的にどうすることですか。適切なものを次から選び、記号で答えなさい。（8点）

ア 事実に限定せず、想像や推理を駆使して叙述すること。
イ 想像や推理を排除し、合理的な主観的判断を加えること。
ウ 複雑多面的な経験をできるだけ単純化、抽象化すること。
エ 複合的かつ流動的な現実を、事実として一面化すること。

□(6) 本文の内容に合うものを次から選び、記号で答えなさい。（8点）

ア 歴史叙述とは、人間の経験の総体について語ることである。
イ 言葉の次元で現実を事実として限定することはできない。
ウ 人間の所有する現実をありのまま語った歴史は存在しない。
エ 歴史を物語るものは、事実を疑ってみる姿勢が必要である。

19 評論　社会学入門 ―― 見田宗介

ヨーロッパの都市の中心には時計がある。都市の中心の広場には、教会があり市役所があり、そして必ず大時計がある。ヨーロッパの人たちはいつのころからか、時計を見上げながら〈近代〉を育んできた。

いつのころからか？　14世紀の前半、ミラノ、ボローニャ、フィレンツェのようなイタリアの諸都市で初めて、「コウキョウ用時打時計」が設置された。14世紀の後半から15世紀にかけて、ドイツ、オランダ、スイス、フランス、ベルギー、イギリスの都市に、ほぼこの順番で大時計が設置される。人々が毎日の生活の中で、時間を測りながら生きる、という時代が始まった。（Ａ）

それでもこの時代の時計は、一本針だった。「分針」というものはなかった。「分」という単位は未だ、生活に必要なかった。①ぼくたちはもう時計といえば、二本針があたりまえです。というか三本針もふつうです。（Ｂ）

社会の「近代化」ということの中で、人間は、実に多くのものを獲得し、また、②実に多くのものを失いました。獲得したものは、計算できるもの、目に見えるもの、言葉によって明確に表現できるものが多い。しかしソウシツしたものは、計算できないもの、目に見えないもの、言葉によって表現することのできないものが多い。（Ｃ）

ぼくたちは今「前近代」にモドるのではなく、「近代」にとどまるのでもなく、近代の後の、新しい社会の形を構想し、実現してゆくほかないところに立っている。積極的な言い方をすれば、人間がこれまでに形成してきたさまざまな社会の形、「生き方」の形をジザイに見はるかしながら、ほんとうによい社会の形、「生き方」の形というものを構想し、実現することのできるところに立っている。（Ｄ）

この時に大切なことは、異世界を理想化することではなく、〈両方を見る〉ということ、方法としての異世界を知ることによって、③現代社会の〈*自明性の檻《おり》〉の外部に出てみるということです。④さまざまな社会を知る、ということは、さまざまな生き方を知るということであり、「自分にできるのはこれだけ」と決めてしまう前に、人間の可能性を知る、ということ、人間の作る社会の可能性について、想像力の翼を獲得する、というこ

時間 20分　得点　（　月　日）

解答▸別冊13ページ

漢字（各2点）

a 育んで（　　）
b コウキョウ（　　）
c ソウシツ（　　）
d モドる（　　）
e ジザイ（　　）

語句

自明性…明らかな様子。

とです。（　E　）

□(1) 次の文は、空欄A～Eのどこかに入ります。その箇所を記号で答えなさい。(6点)

時間、というわくぐみの中に、人間たちの生がおかれた。

□(2) 傍線部①では、どのようなことをたとえていますか。わかりやすく説明しなさい。(8点)

□(3) 傍線部②の「失ったもの」に当てはまるものを次から二つ選び、記号で答えなさい。(各5点)

ア 家電製品の開発による家事の効率化で得られる時間の余裕。
イ 長距離旅行での移動の時間の節約が可能にした旅の効率性。
ウ 特に何をすることもなく時を過ごすことで得られる心の余裕。
エ 旅程を定めない旅で出会う人々と気ままな会話を楽しむ時間。

□(4) 傍線部③とは、どういうことですか。適切なものを次から選び、記号で答えなさい。(8点)

ア 自分自身の可能性が無限ではないことに気づくこと。
イ これまでに形成してきた社会の形をよりよくすること。
ウ 新しい社会の形を構想して、理想的な生活をすること。
エ 現代の価値基準は必ずしも絶対的でないと考えること。

□(5) 傍線部④とは、どういうことですか。その内容が述べられている部分を文中から探し、最初と最後の八字を抜き出しなさい。(8点)

解答欄

(1)

(2)

(3)

(4)

(5)
～

20 評論 王朝文学とつきあう ―― 竹西 寛子

時間 20分 得点 （　月　日）

解答▸別冊14ページ

実生活の具体的な様相*や人間の心用いのさまざまは、歴史書よりも物語のほうにずっとくわしいと言ったのは、『源氏物語』の作者であった（『蛍』）が、日本人は歴史、ことに感受性の歴史を辿《たど》ろうとするとき、［A］その具体性において文学作品を超えるものはまずないと言えよう。

歌においても、日記物語においても、そこに表されているのは一般的男女ではなく、良きにつけ悪しきにつけ、つねに個々の特殊具体的な男女であって、その男女の喜怒哀楽の具体相こそ過去の日本人の感受性の手がかりなのである。たとえつくられた作中人物の（一）それでも、作者の認識の外ではない。作者は意識的に、あるいは無意識的に、同時代の人と生活を借りながら、自身の喜怒哀楽の効果的な表現を[a]企む。

したがって、読者としては、物語の筋書だけでなく、作者の感受性の法則にもあやかれるわけで、具体的な[b]イショウで共感や違和感を確かめながら、あわせて（二）過去の日本人の分析、帰納*を行うことが可能になる。

文学というのは、人間のどのような状態も、素材である限りまるごと容認される寛大な器である。ここでは理性も感性も対等な重みを与えられていて、主従の関係はない。文学には予め*《あらかじめ》拒否されるべき素材は何一つない。

古典を読むことの意味に、日本人の感受性の過去を知ることを言ってきたが、それは、日本語の歴史を知ることだと言い換えてもよい。日本語の今をよりよく知ろうとして、日本語の今を今として成り立たせている過去を知ろうとする、それは今後いかに自分の日本語を運用していくかに直結し得る[c]コウイである。

もっとも、認識と実行の[d]ヘダたりは、「話す」「書く」において[e]ケンチョなので、認識の強調は何となく気がひけるが、「読む」という全身の経験にもとづく共感と違和感が、「話す」「書く」自分に与える侮《あなど》り難い影響を思うと、たとえそれが、よくない言葉づかいに鋭敏に反応する言語感覚、言語認識の育成というほどのものであっても、私はそれを大切と思う。自分の言葉づかいのための法則を得ればそれにこしたことはないが、（三）目的に走ると足をすくわれる。

古典は、はじめから（四）押しいただいて読むものではあるまい。作者が喜怒哀楽を強調しているのだから、読者

漢字（各2点）

a 企む（　　）
b イショウ（　　）
c コウイ（　　）
d ヘダたり（　　）
e ケンチョ（　　）

語句

様相…物事の有様・状態。
帰納…個々の具体的事実を総合して、一般的な原理・法則を導き出すこと。
予め…事の起こる前から。前もって。

も自分の力に応じて素直に親しみ、反発していいと思う。反発することがあり、違和感をおぼえる部分があっても、すぐれた作品には必ずそれを上まわる魅力がある。*感歎《かんたん》するばかり、という時期は、私の場合、まだ「要警戒」である。

感歎…感心してほめたたえること。

□(1) 空欄Aに入る語句を次から選び、記号で答えなさい。(4点)

ア いわゆる　**イ** なるほど　**ウ** ついには　**エ** さすがに

□(2) 傍線部㊀の指示する語句を、文中から抜き出しなさい。(5点)

□(3) 傍線部㊁は、どういうことですか。「帰納」の意味を踏まえ、文中の語句を使って、わかりやすく説明しなさい。(8点)

(4) 傍線部㊂について、

□① 「目的」とは何ですか。文中の語句を使って答えなさい。(5点)

□② 「足をすくわれる」を、わかりやすい言い方に直しなさい。(5点)

□(5) 傍線部㊃のような態度を示す語句を次から選び、記号で答えなさい。(5点)

ア 敬遠　**イ** 畏怖　**ウ** 面倒　**エ** 敬意

□(6) 本文はどのようなことについて述べた文章ですか。その内容を表している部分を文中から十字以内で抜き出しなさい。(8点)

解答欄

(1)

(2)

(3)

(4) ①　②

(5)

(6)

第1章　第2章　第3章

21 評論 日本とは何なのか —— 井上章一

いわゆる日本人論のなかには、日本人の弱さや欠点を指摘するものがある。「日本人は、自分じしんの主体性をあまりもたない。集団におしながされ、ａフワライドウしやすい傾向をもっている。」「日本人は、人間関係がヨコにひろがらない。自分がぞくしている組織、たとえば職場のタテの関係を、いつまでもひきずってしまう。」

そして、こういう言葉を、とうとうとのべたてるひともいる。おそらく、そこには、一種のおごりのようなものがある。自分は、とおりいっぺんの日本人ではない。周囲の日本人を観察できるような、高い位置にいる。そして、そういう位置から観察すると、いくつかの欠点が見えてくるというわけだ。日本人の欠点を指摘したような議論は、知的におごりたがるひとに、絶好の素材を提供する。そして、知的におごりたがるひとは、たくさんいる。俗流日本人論の需要は、ひょっとしたら、彼らがささえているのかもしれない。

逆の可能性もある。たとえば、主体性の欠如という点で、なやんでいるひとのことを想定していただきたい。あるとき、彼が、「日本人には主体性がない」という議論を読んだとしよう。そうしたとき、彼のｂノウリには、どういった思いが、ｃキョライするだろうか。

Ａそうか、自分じしんの定見がないのは、自分だけではないのだ。ほかにも、大勢いる。Ｂそれは、日本人みんなの弱点なんだ。Ｃ読者の個人的ななやみを、日本人全体に転嫁*し、彼らに精神的な安定をもたらす。Ｄおそらく、彼はどこかすくわれたような気になるのではないか。Ｅこう思えば、精神的には楽になるだろう。Ｆ日本人論には、そうした効用がある。一種のカウンセリング効果が、あるのである。

自分には、主体性がない。集団にｄマイボツしてしまっている。もし、こういったことでなやんでいるのなら、やはり努力はすべきだろう。生きかたをかえていこうと、がんばったほうがいいのだと思う。同じことは、タテの関係という問題にも、あてはまる。人間関係がヨコにひろがらないということでなやんでいるのなら、ひろげる努力をする必要がある。人格改造に、はげまねばならない。だが、日本人論の本は、そこへ①甘い言葉をささやきかけていく。悪魔の誘惑にもにた言葉を、そそぎこむ。こうなれば、②人格ｅ陶冶*の努力は、もういら

〔　月　日〕

時間 20分 得点

解答▶別冊14ページ

漢字（各2点）

ａ フワライドウ〔　　〕
ｂ ノウリ〔　　〕
ｃ キョライ〔　　〕
ｄ マイボツ〔　　〕
ｅ 陶冶〔　　〕

語句

転嫁…責任・罪を他になすりつけること。
陶冶…素質・才能をひき出し、育て上げること。人格を養成すること。
エスカレート…物事の規模がしだいに大きくなること。

ない。日本人論がえがきだす日本人像に安住しはじめる。堂々とひらきなおることが、できるのである。

読者によっては、このひらきなおりを、いっそうエスカレート*させることも、あるだろう。独立心のある他人を、非難する。集団の和をみだす、とんでもないやから*だ。日本人の風上にもおけないと、なじっていく。

③そういう口実をも、あたえかねないのである。

やから…連中。一族。

□(1) 本文中のA～Fを、文意が通じるように並べかえなさい。(6点)

□(2) 傍線部①の内容を具体的に説明しなさい。(6点)

□(3) 傍線部②と同じ内容を述べている部分を文中から抜き出しなさい。(5点)

□(4) 傍線部③の主語を文中から抜き出しなさい。(5点)

□(5) 「日本人の弱さや欠点を指摘する日本人論」は、どのような人に、どのような働きをもたらすのですか。二つの観点から説明しなさい。(各6点)

□(6) 本文にふさわしい見出しを次から選び、記号で答えなさい。(6点)

ア 人格陶冶の必要性　イ 日本人論の負の効用

ウ 日本人論の弱点　エ 日本人像の現状

解答欄

(1) →→→→→

(2)

(3)

(4)

(5)

(6)

22 小説 蛍川 ―― 宮本輝

千代は竜夫と一緒に雪見橋から市電に乗って富山駅までついてくると、高岡までのᵃキップを買った。東京や大阪へ向かう汽車の発車時刻を案内する駅員の声がスピーカーから流れていて、日曜日であったが駅は混雑していた。高岡市までは約一時間程だったが、①竜夫はとてつもなく遠い所へ出掛けるような思いで緊張していた。

「お金、これに包んで、しっかり手に持ってくがや」千代はᵇフロシキを竜夫の学生服のポケットにねじ込み、②きつい目をして言った。「父さんは、ことし一年もつかもたんか判《わか》らんがや。お金は病院への払いと、お前が高校へ行くために残しとくがや。大森さんに聞かれたら、正直にそう言うたらええがや」「……うん」「これから母さんが働くから心配いらんちゃ。母さんは働くことが大好きながや」「……うん」大事な用事で一人汽車に乗って高岡まで行くことの心細さは、このいつもと違う母の様子で消し飛んでしまった。母はかつてそんなふうにきっぱりとした口調で物を言ったことはなかった。

高岡に着いたのは正午を少し廻《まわ》った頃であった。母が書いてくれた地図を頼りに、竜夫は駅前の道を西に歩いて行った。風が強く、春の陽差しの中で*砂塵《さじん》が舞っていた。大森の家はすぐ判った。商店街が跡切《とぎ》れる所を左に曲がると黒塀《くろべい》の家があり、その屋根に「大森商会」と書かれたᶜカンバンが据付《すえつ》けられていた。ガラス戸を開けてᵈアイサツをすると、男が事務所と座敷とを区切っている大きなᵉ暖簾から顔を出した。〈中略〉

「お父さんによう似とる」と顔を崩して笑った。竜夫は落ちつかなかった。こんな時どんなことを喋《しゃべ》ったらいいのか判らなかった。それで彼は封筒に入った*手形をポケットから取り出して大森に渡した。「お母さんから話は聞いとるちゃ」そう言いながら大森は封筒をそのまま竜夫の前に押し返した。「これは金には換わらんただの紙きれやから、持って帰られ」③竜夫は途方にくれて、ただ黙っていた。大森には正直に金の使い道を話すようにと母から言われていたが、竜夫は言葉がうまく口から出てこなかった。*甲冑《かっちゅう》の横の壁に竜夫の背丈程もある大きな柱時計があった。その時計には「祝開店、水島重竜」という金文字が彫り込まれていた。「おう、これはわしがここで商売を始めた時、あんたのお父さんから祝いに貰《もろ》たがや。あんたが生まれるずっと前よ」大森は大きな声でそう言ってから、④今度は声をひそませた。「ただの紙切れをわざわざ金にせんでも、あ*

〔　月　日〕

時間 20分 得点

解答▸別冊15ページ

漢字（各2点）

a キップ〔　　〕

b フロシキ〔　　〕

c カンバン〔　　〕

d アイサツ〔　　〕

e 暖簾〔　　〕

語句

砂塵…砂ぼこり。

手形…定まった金額を一定の日時と場所において支払うことを約束または依頼する証券。ここでは、病院代や学費を工面するための借用証書。

甲冑…よろいとかぶと。

っさりわしがいるだけのものを用立てたらええがや。それで、金は、わしはあんたに貸してあげようと思うとるがや」⑤竜夫には大森の言う意味がよく理解できなかった。一時も早く家に帰りたかった。大森は座敷の方に姿を消すとしばらくして万年筆と便箋《びんせん》を持ってまた戻って来た。そして金庫から金を出した。「あんたに貸してあげるちゃ。それでええがや？」⑥竜夫の目から涙が溢《あふ》れてきた。嬉《うれ》しいのではなかった。といって悲しいのでもなかった。

あっさり…さっぱり。たやすい様子。

□(1) 傍線部①では、なぜこのように思ったのですか。その理由を説明しなさい。（6点）

□(2) 傍線部②の説明として適切なものを次から選び、記号で答えなさい。（6点）

ア 高岡市まで一緒に行けない自分自身に腹を立てている。

イ だらしない性格の竜夫を非難している。

ウ 混雑しているので、お金をとられないように注意を促している。

エ 大事な用事をしっかりやりとげるようにと激励している。

□(3) 傍線部③における竜夫の心情を説明しなさい。（6点）

□(4) 傍線部④における大森の心情を説明しなさい。（6点）

□(5) 傍線部⑤における竜夫の心情を説明しなさい。（8点）

□(6) 傍線部⑥において、なぜ「竜夫の目から涙が溢れてきた」のですか。その理由を説明しなさい。（8点）

解答欄

(1)

(2)

(3)

(4)

(5)

(6)

23 評論 現代詩の鑑賞〈高村光太郎〉――伊藤信吉

①　黙つて刃物をａ研いでゐる。
②　もう日が傾くのにまだ研いでゐる。
③　裏刃とおもてをぴつたり押して
④　研水をかへては又研いでゐる。
⑤　何をいつたい作るつもりか、
⑥　そんなことさへ知らないやうに、
⑦　一瞬の気をｂ眉間にあつめて

---

⑧　青葉のかげで刃物を研ぐ人。
⑨　この人の袖は次第にやぶれ、
⑩　この人の口ひげは白くなる。
⑪　憤りか必至*か無心か、
⑫　この人はただ途方もなく
⑬　無限級数を追つてゐるのか。

この詩の主題は「無限級数を追つてゐるのか。」という終りの一行にかかっているが、ここに象徴された刃物を研ぐ「人」は、光太郎そのひとといってもよい。だまって研ぎつづけるひとの周辺にはある無限感がただよい、それは一定の空間をｃリョウユウして、永遠に崩れることのない位置を形づくっているかのようである。

私はこの詩を、かならずしも光太郎の代表的作品として選んだのではない。けれどもここには芸術の美を、その根源においてとらえようとするものの、果てしない行手が暗示されている。ここに象徴された「人」の姿がどことなく古風であり、そこからストイック*な精神をしのばせるという意味では、この詩は光太郎の全生活のｄキテイにつながるものである。極まりのない美の追求と最高の地点にそそぐ熱い眼ざし、ひたすらに自己充実をめざす一途のおもいなど、およそ光太郎の世界はそういうものであり、すくなくともそこに到達しようとする希求につらぬかれている。これは求道者の途に通じるもので、この詩の主題もまたそこにあった。

この詩のたたずまい*は、表面的にはひっそりとした印象をあたえる。けれども「　A　」姿はけっして固定したものではなく、全身の力はその手先に集中され、それは「　B　」というほどはげしい精神をひそめている。無限のおもいをこめて研がれるのは、刃物ではなくてむしろ作者の芸術意欲であるだろう。その確定的なたたずまいは、作者のゆるぎない信念を映し出すとともに、いかにもｅジュウコウな人生的態度をおもわせ

時間 20分　得点
〔　月　日〕
解答▸別冊16ページ

漢字（各2点）

a 研いで〔　　〕
b 眉間〔　　〕
c リョウユウ〔　　〕
d キテイ〔　　〕
e ジュウコウ〔　　〕

語句

必至…必ずそうなること。
ストイック…禁欲的。克己的な様子。
たたずまい…そこにある様子。ありさま。
モラリスト…道徳家。

る。これはモラリスト*として、自己の［C］を第一の課題としたひとの、その生き方にかかわるものであった。

□(1) 空欄A・Bには、詩の一行が入ります。それぞれ適切な行の番号を答えなさい。（各4点）

□(2) 空欄Cに入る語句を次から選び、記号で答えなさい。（4点）

ア 芸術家としての大成
イ 人間的完成
ウ 芸術家としての名誉
エ 社会的評価

□(3) 詩の中で刃物を研ぐ「人」が研いでいるものは、刃物以外では何ですか。鑑賞文中から抜き出しなさい。（6点）

□(4) 刃物を研ぐ「人」の人生に対する姿勢を表している部分を、鑑賞文中から一語で抜き出しなさい。（6点）

□(5) 詩の最後の一行の「無限級数を追つてゐる」とは、どういうことですか。鑑賞文を参考にして説明しなさい。（8点）

□(6) 高村光太郎の代表詩集を二つ書きなさい。（各4点）

解答欄

(1) A B
(2)
(3)
(4)
(5)
(6)

第1章 第2章 第3章

24 評論 日本語 表と裏 ―― 森本哲郎

社会《コミュニティー》が同質であればあるほど、表現はかんたんですむ。家庭内の会話ではくどくどという必要はない。言語の大半が省略されても意志はちゃんと通じる。なぜなら、判断や意志や感情を相手につたえる場合、伝達者と受け手とが同質の情報環境に置かれているなら、言葉を厳密に使用する必要はなく、きわめて簡単な表現でも同質の価値観や等質の感情が言葉を補足してくれるからである。「よろしく」というのはそうした同質環境における言葉のいい例であろう。

「よろしく」とは、いっさいの判断を相手にゆだねた依頼の言葉である。だが、もしもその相手が自分とまったく異なる情報環境の住人――習慣や、ものの考え方を異にする世界の人間であったならば、こんなふうに相手の判断に任せるわけにはゆくまい。どのような処置をされるか見当がつかないからである。だから「よろしく」は外国人に対しては使えない。いや、おなじ日本人ドウシであっても、相手が異国にいるような場合には、①〝神通力〟を失ってしまうのだ。げんに私は「よろしく」と頼まれて大いにとまどい、思い悩んだ経験がある。

パリに半年ほどタイザイしていた時のことだ。「ぼくの知人の某氏がパリへ行く。よろしく」という手紙を友人から受けとったのである。私の友人は気軽にそう書いてよこしたのだが、いったい「よろしく」とは何を要求しているのか、こちらにはさっぱり見当がつかない。私はさんざん思い悩んだすえ、具体的な依頼がないかぎり、何もしないことにした。そのような判断までこちらにさせるというのは――ジョウダンではない、あまりにも甘えすぎであり、*虫がよすぎる、と思ったからだ。

Aしかし、よく考えてみると、それは責任を相手に転嫁させることによって、自分の責任をのがれようとする呪文ではないか。B「よろしく」という言葉は一見、相手の意志や判断を尊重する言い方のように思える。Cあれこれ考えることは、たいへん面倒なことなのである。Dその面倒な思案をホウキして相手に押しつけることは、時には無礼にもなりかねない。Eどのようなことであれ、判断をくだすということは、それなりに努力を必要とする。②日本の敬語法においては明確な言い方を避け、間接的で断定しない表現がとられるという

〔　月　日〕

時間 20分 得点

解答▶別冊16ページ

漢字（各2点）

a ドウシ 〔　　〕

b タイザイ 〔　　〕

c ジョウダン 〔　　〕

d 転嫁 〔　　〕

e ホウキ 〔　　〕

語句

虫がいい…自分の都合ばかりを考えて他をかまわない態度。自分勝手。

慇懃無礼…表面では丁寧にみせかけて内心では無礼な様子。わざと丁寧すぎる態度をとって、相手を見下す気持ちを表す。

が、それは③往々にして相手を尊敬するというより、相手に④おんぶする*慇懃《いんぎん》無礼すなわち、表向きは丁寧で、じつはこの上ない厚かましさに通じているのだ。「よろしく」とは、別言すれば、「よきにはからえ」ということである。「よきにはからえ」などというのは殿様が家来に対して命じる言葉であり、［F］な要求以外の何物でもないのである。

□(1) 文中のA〜Eの文を、文意が通じるように並べかえなさい。（6点）

□(2) 傍線部①とは、何のことですか。文中の語句を使って説明しなさい。（8点）

□(3) 傍線部②のように、日本語の表現が発達した理由を説明しなさい。（8点）

□(4) 傍線部③の意味を次から選び、記号で答えなさい。（5点）

ア いつも　**イ** しばしば
ウ まったく　**エ** まれに

□(5) 傍線部④の内容を、文中の語句を使って説明しなさい。（8点）

□(6) 空欄Fに入る語句を次から選び、記号で答えなさい。（5点）

ア 無礼　**イ** 過大
ウ 無謀　**エ** 横柄

解答欄

(1) → → → →

(2)

(3)

(4)

(5)

(6)

25 小説 死者の奢《おご》り —— 大江健三郎

「この男は兵隊だった」と管理人が、新しい水槽に沿って停めた車の上の死者を見下していった。「戦争の終りに、脱走しようとして衛兵*に撃たれたという話だった。解剖するはずだったのに、終戦で取りやめになってね。俺はこの男が連れこまれた時のことを、よく覚えているよ」僕は、兵隊が、細い腕首に頑丈な掌をつけているのを見た。兵隊は他の死者と同じように、ごく小さく見える頭部をしていた。死者たちの頭部は、生きている者の頭部にくらべて、ずっと小さく、重要性も軽く感じられ、胸や膨れた腹部ほど切実には関心を惹かなかった。しかし、僕は強いて想像力を働かせ、この男は生きている間、おとなしい思いつめた動物のような表情をしていたにちがいない、と考えた。この男が十年ほど前のある夜更《よふ》け、①激しい決意をしたのだ。

〈中　略〉

兵隊の腕と脇腹との間に、木札は浮かんでいた。僕は兵隊の腰を押しやって木札を拾いあげた。兵隊は肩をアルコール溶液にぐいと沈みこませ、浮きあがる前に、ゆっくり回転した。戦争について、どんなにはっきりしたカンネンを持っているやつも、俺ほどの説得力は持っていない。俺は殺されたまま、じっとここに漬かっているのだからな。俺は兵隊の脇腹に銃創*があり、そこだけ［A］形で、周りの皮膚より黒ずんで厚ぼったく変色しているのを見た。君は戦争の頃、まだ子供だったろう? 成長し続けていたんだ。長い戦争の間、と僕は考えた。戦争の終ることが不幸な日常の唯一の［B］であるような時期に成長してきた。そして、その［B］のチョウコウの氾濫の中で窒息し、僕は死にそうだった。戦争が終り、その死体が［C］心の中で消化され、消化不能な固形物や粘液が排泄《はいせつ》されたけれども、僕はその作業には参加しなかった。そして僕らには、とてもうやむやに［B］が融《と》けてしまったものだった。僕は全く、君たちの［B］をしっかり躰中に背負っていたことになる。今度の戦争を独占するのは君たちだな。僕は兵隊の右足首を持ちあげ、形が良かったにちがいない太い拇指に、木札を結びつけた。僕らとは関係なしに、②又そいつが始まろうとしていて、僕らは今度こそ、希望の虚しい氾濫の中で溺死*しそうです。君たちは政治を嫌いなのかい? 俺たちは政治についてしか話さない。政治? 戦争を起こすのは今度は君たちだ。俺たちは評価したり判断したりする資格を持って

（　月　日）

時間 20分　得点

解答▶別冊17ページ

漢字（各2点）

a 膨れた［　　］

b 強いて［　　］

c カンネン［　　］

d チョウコウ［　　］

e カンケツ［　　］

語句

衛兵…兵士の宿舎の門などの警備を任務とする兵。

銃創…銃弾で受けた傷。

溺死…泳ぐことができなくなっておぼれ死ぬこと。

いるんだ。僕にも評価したり判断する資格がむりやり押しつけられそうですよ。ところが、③そんな事をしている間に僕は殺される。それらの死者の中で、この水槽に沈めるのは、ごく選ばれた少数でしょう？

僕は兵隊の、体操選手のようなｅカンケツで逞《たくま》しい頭部、もじゃもじゃに縮れた髪が短く刈りこまれている、形の良い頭部を見つめた。

□ **(1)** 傍線部①の具体的な内容を示す部分を、文中から五字で抜き出しなさい。（5点）

□ **(2)** 空欄Ａ・Ｃに入る比喩表現を次から選び、それぞれ記号で答えなさい。（各5点）

ア 大人の胃のような　**イ** 巨大なほら穴のような

ウ 壁のしみのような　**エ** しぼんだ花弁のような

□ **(3)** 空欄Ｂには、共通する二字の熟語が入ります。その語を文中から抜き出しなさい。（5点）

□ **(4)** 傍線部②・③の指示内容を、それぞれ答えなさい。（各6点）

□ **(5)** 本文で作者はどういう心情を中心に描いていますか。適切なものを次から選び、記号で答えなさい。（8点）

ア 死者と生きている者との重要性に関わる苦悩。

イ 戦争に対する、若者の無関心。

ウ 兵隊の死骸に託された屈折した心情。

エ 説得力を持つ死骸の兵隊を尊ぶ心情。

解答欄

(1)

(2) A　C

(3)

(4) ②　③

(5)

26 評論 知の旅への誘い —— 中村雄二郎

①旅に出るひとは誰でも〈芸術家〉になり〈詩人〉になるというのは、なにか特別な力を新しく手に入れることではないだろう。それはむしろ、人間がもともと持っているいきいきとした感受性をとりもどすことである。ふだんの生活、日常生活の惰性からジコを解き放つことなのである。「日々新なり」という人間的生の在り様は、日常生活のなかでもむろん言えることであり、本来私たちはそういうものとして毎日を迎えなければならないのだが、②実際にはそれはたいへん難しい。

ところが旅では——未知と偶然の要素を多く含んだ旅では——日々は私たちにとって新ならざるをえない。そして日々新であるなかで、よりつよく私たちの好奇心は突き動かされ、働くようになる。ふつう〈好奇心〉などというと、あまりいい意味にとられない場合が多い。なにか面白いことはないかと知らなくてもいいことまでむやみに＊穿鑿《せんさく》する心、［A］もの好きといったような意味に解されている。［B］好奇心とは、私たち人間の知的活動の根源をなす情熱、［C］知的情熱にほかならない。

好奇心というとあまりいい意味にとられない、といった。しかし実はそれ以前の、情熱（情念、パトス）そのものが、これまで一般に永い間、はしたないものとされてきたという事情がある。情熱は人間の心の平静を乱し、人間を真理から遠ざけるものだとされてきた。しかしそのような見方はきわめて一面的なものでしかない。『百科全書』の編者として知られるディドロ（『哲学的思索』）が、その点でたいへん適切なことを言っていたのを思い出す。すなわち、ひとは情念（情熱）の③悪い面ばかりを見て、むやみに情念をハイセキする。しかし（Ⅰ）、情念は、一方であらゆるクノウの源であるだけでなく、同時に他方では、あらゆるよろこびの源泉でもある。偉大な情念によってはじめて、人間の魂は偉大なものごとに到達しうるのだ。これに反して控え目な（Ⅱ）感情は＊凡庸な人間をつくり、弱々しい感情はもっともすぐれた人間をも台なしにしてしまう。

控え目な感情は凡庸な人間をつくり、ひとは＊小心翼々としていると創造的でありえなくなる。これは行きすぎた抑制や禁欲的態度がおちいりやすい＊陥穽《かんせい》を示している重要な指摘である。いうまでもなくそれは、詩・絵画・音楽といった狭い意味での芸術にかかわるだけではなく、もっと広い人間の知的活動や精神活動にもかか

（　月　日）

時間 20分　得点

解答▶別冊17ページ

漢字（各2点）

a ジコ［　　］
b ハイセキ［　　］
c クノウ［　　］
d 凡庸［　　］
e 小心翼々［　　］

語句

穿鑿…細かいことまで探り調べること。
凡庸…平凡。
小心翼々…気が小さくてびくびくしているさま。
陥穽…落とし穴。

わっている。だから、(Ⅲ)、日に日に発見や創造のよろこびをもって生きていくためには、通常考えられているより以上に、(Ⅳ)、知的情熱としての好奇心をいきいきと保っておかなければならないのである。

□(1) 空欄A～Cに入る語句を次から選び、それぞれ記号で答えなさい。(各3点)

ア そして　**イ** あるいは　**ウ** つまり
エ けれども　**オ** むしろ

□(2) 傍線部①の理由を、「情熱」「好奇心」の二語を使って説明しなさい。(8点)

□(3) 傍線部②について説明した次の文章の空欄1～3に入る適語を、それぞれ二字の熟語で答えなさい。(各3点)

旅が未知と[1]の要素を多く含むのに対し、日常生活の主たる要素は[2]と必然である。したがって、今日は昨日と変わることなく、明日は今日と同じように過ごすのである。つまり、毎日を[3]で生きることになる。そうなると、「日々新」に生きることは難しいのである。

□(4) 傍線部③を具体的に述べている部分を、文中から抜き出しなさい。(7点)

□(5) 「たとえどんな小さなことにせよ」という語句を入れるのにふさわしい箇所を、文中の(Ⅰ)～(Ⅳ)から選び、記号で答えなさい。(7点)

解答欄

(1) A　B　C

(2)

(3) 1　2　3

(4)

(5)

27 評論 おそれという感情 —— 唐木順三

わたしがきのう、泉の水源を囲うジュラルミンと、とげのついた針金を見てまず感じたのは、周囲の*幽邃《ゆうすい》な風姿に対して、それらがいかにも不調和で醜いということであった。①にもかかわらず今日それは必要であるが、それを必要にさせた原因は何かということであった。そして、そういうものを必要としない近代以前を想像し、水と人間、水と日本人のことを思い及んだ。

水道のジャグチ(a)をひねればいつでも出るものと思い込んでいる人間には、水に対する尊敬などはないだろう。カッスイ(b)期に水の出が乏しく(c)なった時にだけ、水の効用に思い及ぶだろうが、そういう場合も、都の水道局や都政に対して不平を言うことぐらいだろう。すなわち水も水道問題・水資源問題として、政治的問題または、政治的対象になってきた。それは現代においてはやむを得ないことだろう。やむを得ないことと思いながら、なおわたしは不満である。

現代はさまざまなものが機械化され、また政治化されている。そして人間はそれらの物を機械的、政治的に扱っている。それによって、さまざまな②擬似神聖なもののベールがはがされ、正体がバクロ(d)され、大衆の批判によって正しい道に乗ったものも少なくない。そういう点で民主的になることによって公平になり、正しくなった部分も少なくはない。そういう点を認めながらも、なお泉と人間に関してわたしの感じた不満は去らない。

わたしの好きな*寒山詩の中の一句は次のようなものである。「尋究無源水、源窮水不窮。」人は水源を尋ね求める。下流からさかのぼって、次第に上流に上る。そしてついに水源を捜し出す。それはあたかも［A］に似ている。［1］から［2］を探り、［3］の［4］を探り、［5］ではあるが決して［6］にはならないところの、いわば第一原因、根本原因にまでさかのぼるだろう。それが寒山の第一句、「尋究無源水」の具体的また*人性的意味と言ってよい。人性的と言ったのは、人は究極、［7］を捜し出すまでは不安だが、それを窮め尽くせば安心してそこに腰を降ろすという習性を持っているからである。人は原因不明のできごとに対しては不安であるが、これこれしかじかの［8］によってこの［9］が起こったということが判明すれば、そこでひと安心する。科学の進歩とは［10］解明の進歩と言ってよい。たとえば癌の発生原因はまだ不明で

〔　月　日〕

時間 20分　得点

解答▶別冊18ページ

漢字（各2点）

a ジャグチ 〔　　〕

b カッスイ 〔　　〕

c 乏しく 〔　　〕

d バクロ 〔　　〕

e チリョウ 〔　　〕

語句

幽邃…景色などが奥深くて物静かなこと。

寒山詩…寒山（中唐の高僧・詩人）の書いた詩。

人性…人間が本来持っている性質。

あるから、癌はなおりがたく、したがって人を不安にしている。癌の原因が判明すればｅチリョウの方法も可能になる。その原因を探求することに現代医学は最大の努力を傾けながら、いまだにそこまで進歩していない。しかしいつの日かその原因は捜し当てられるであろう。それもまた「尋究無源水」の一ケースである。

□(1) 空欄1〜10には、**ア**「原因」または**イ**「結果」が入ります。適切なものを選び、それぞれ記号で答えなさい。（各2点）

□(2) 空欄Aに入る語句を次から選び、記号で答えなさい。（4点）

ア 科学の研究方法　**イ** 禅の修行方法

ウ 人間としてふさわしい生き方　**エ** 理想的な政治のあり方

□(3) 傍線部①について、なぜ「必要」なのかを説明しなさい。（6点）

□(4) 傍線部②の語句の意味を答えなさい。（4点）

□(5) 本文の主旨として最も適切なものを次から選び、記号で答えなさい。（6点）

ア 泉というものは、まだ科学的に十分解明されていないので、もっとその不可思議を探求すべきである。

イ 泉というものは、不可思議で、まさに人生そのものといえるので、人は泉にもっと学ぶべきである。

ウ 泉というものは、不可思議で、そこに人知以上のものを感じさせるから尊敬の念を持つべきである。

エ 現代の科学文明は、泉の不可思議をも解明できないのだから、その力を過信してはいけない。

解答欄

(1)

1	2
3	4
5	6
7	8
9	10

(2)

(3)

(4)

(5)

第1章　第2章　第3章

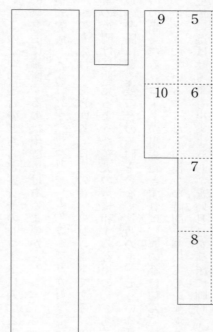

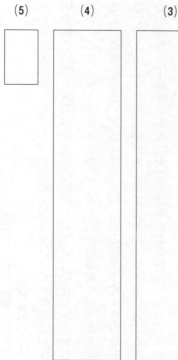

随筆　蓄音機 ―― 寺田寅彦

時間 20分　得点

解答▼別冊19ページ

（　月　日）

私は蓄音機や活動写真器械で置換《おきか》え得られるような講義は本当の意味の教育的価値のないものだろうと思っている。もし講義の内容が抜目《ぬけめ》なく系統的に正確な知識を与えさえすればいいとならば、何も機械の助けを借るまでもなくその教師の書いたゲンコウ[a]のプリントなり筆記なりを生徒に与えて読ませれば済む場合もある訳である。①甲の講義を乙が述べてもそれでたくさんな訳である。

しかし多くの人が自らその学校生活の経験を振《ふり》返ってみた時に、思い出に浮《うか》んで来る数々の旧師から得た本当に有難い貴い教えと云《い》ったようなものを拾い出してみれば、それは決して書物や筆記帳に残っている文字や図形のようなものではなくて、到底蓄音機などでは再現する事の出来ない機微なあるものである事に気が付くだろう。

これは恐らく誰でも知っている事であろうが、余りに教育というものを系統的科学的従って機械的な研究の対象とする場合にややもすれば忘られ勝ちな事である。一度これを忘れればすべての教育は蓄音機や活動写真で代用する事が出来るようになると同時に、教育の効果はその場限りの知識の商品切手のようなものになる。生徒の生涯を貫いて[b]その魂を導き引立てるような貴い有難い影響はどこにもなくなるだろう。

②十年一日のごとき講義をするといってよく教師を非難する人が往々ある。しかしそれだけの事実では教師の教師たる価値は論ぜられないと思う。講義の内容の外見上の変化が少くともその講義の中に流れ出る教師の生きた「人」が生徒に働きかけてその学問に対する興味や熱を鼓吹する力が年とともに加わるという場合もあるかもしれない。これに反して年々に新しく書き改め新事実や新学説を追加しても、教師自身が、漸次[c]に後退しつつある場合も考えられない事はない。この二つの場合のどちらが蓄音機のレコードに適するかを一般的概念的に論断するのは困難ではあるまいか。

蓄音機が完成した暁《あかつき》に望み得られることのうちで私が好ましいと思う一つのものは、あらゆる「自然の音」のレコードである。例えば山里の夜明けに聞えるような鶏犬の声に和する谷川の音、あるいは浜辺の夕闇に響く波の音の絶間《たえま》をつなぐ欸乃《ふなうた》の声、そういう種類のものの忠実なるレコードが出来たとすれば、塵《ちり》の都に住んで雑事にボウサツ[d]されているような人が僅少な時間を割いて心を無垢《むく》な自然の境地に遊ばせる事も出来ようし、永い月日を病床に呻吟《しんぎん》する不幸な人々の神経を有害に刺戟《しげき》する事なしに無聊《ぶりょう》を慰め精神的の治療に資する事も出来はしまいか。③こういう種類のレコードこそあらゆるレコードの中で最も無害でそして最も深い内容をもったものではあるまいか。もしそういうものが出来たら、私はそれをあらゆる階級の人にすすめたい。為政家[e]が一国の政治を考究する時、社会経済学者がその学説を組立てる時、教育者がその教案を作製する時、忘れずにしばらくこのレコードの音に耳を傾けてもらいたい。あらゆる心と肉の労働者もその労働の余暇にこれ等の「自然の音」

に親しんでもらいたい。そういう些細《ささい》な事でもその効果は思いの外に大きいものになる事がありはしまいか。少なくもそれによって今の世の中がもう少し美しい平和なものになりはしまいか。

蓄音機に限らずあらゆる文明の利器は人間の便利を目的として作られたものらしい。しかし便利と幸福とは必ずしも同義ではない。私は将来いつかは文明の利器が便利よりはむしろ人類の精神的幸福を第一の目的として発明され改良される時機が到着する事を望みかつ信ずる。

□(1) 点線部a〜eのカタカナは漢字で、漢字は読み方をひらがなで書きなさい。(各2点)

a	b	c	d	e

□(2) 傍線部①とあるが、なぜこのように言えるのか。「視覚情報」という言葉を用いて、簡潔に説明しなさい。(12点)

□(3) 傍線部②とあるが、こうした意見に対して筆者はどのように考えているのか。次から選び、記号で答えなさい。(8点)

ア 真に優れた講義は普遍的なものであるため、時代の流れによって変えていく必要はない。

イ 一見同じ講義を繰り返しているようでも、教師は生徒の能力に応じて微妙に内容を調整している。

ウ 講義の内容自体は同じでも、教師の成長と共に生徒に伝わるものが変化していくこともある。

エ 新事実や新学説を追加しない講義は、変化がないというより、むしろ明らかな後退である。

□(4) 傍線部③とあるが、どのようなレコードのことか。簡潔に説明しなさい。(10点)

□(5) 筆者が蓄音機を通して読み手に伝えたいと思っているのはどのようなことか。わかりやすく説明しなさい。(10点)

装丁デザイン　ブックデザイン研究所
本文デザイン　未来舎

高校 トレーニングノートα 現代文

編著者　高校教育研究会
発行者　岡　本　明　剛
印刷所　岩　岡　印　刷

発行所　受験研究社

〒550-0013 大阪市西区新町2丁目19番15号
注文・不良品などについて：(06)6532-1581(代表)／本の内容について：(06)6532-1586(編集)

Printed in Japan　高廣製本
落丁・乱丁本はお取り替えします。

解答・解説

高校 トレーニングノートα 現代文

第1章 文章に親しむ

1 父の詫《わ》び状　（4〜5ページ）

向田邦子《むこうだくにこ》…一九二九（昭和四）年〜一九八一（昭和五六）年。東京都出身。脚本家・小説家・随筆家。五十歳ごろから小説を書き始め、『かわうそ』などの短編小説で直木賞を受賞。台湾旅行中に航空機の墜落事故のため急死した。作品に『思い出トランプ』『あ・うん』『寺内貫太郎一家』などがある。

出典…四十六歳の秋、乳癌《にゅうがん》のため入院し、輸血による後遺症で一時右手が利かなくなる。左手で書き、「銀座百点」に連載された随筆が『父の詫び状』（文春文庫）として一冊になる。本文はその中の『隣りの神様』より抜粋した。

解答

漢字

a 留守　b 豪快　c けいだい　d （お）ぞうに

e き（かない）

(1) **エ**　(2) A **ウ**　B **オ**　C **キ**

(3) 赤んぼうが女の子であること。

(4) **イ**

(5) （例）人が亡くなった時、その顔にかけるには、まっ白な布がふさわしいので。

(6) **エ**

ひっぱると、はずして使えます。

解説

(1)「小沢昭一」「津瀬さんの作品」「ラジオ番組」という語句から考えてほしい。(2)A「コンクリート造り」のお寺は「モダーン」であると言えよう。Bしめやかな葬儀にはおよそ不似合いな、世俗そのものの焼き魚の匂いに、筆者はとまどっているのである。C「みんなあの独特の笑いで許してくれるだろう」と続くのだから、答えは「許す」になる。(3)親子であろうが、相手が赤んぼうであろうが、「異性」のおむつを取り替えるというのは、手慣れぬ者にとって当惑することなのだろう。(4)打ち消しの意志の「まい」を選ぶ。(5)映画などでも、亡くなった人の顔に白い布がかけてある場面を見ることがよくあるのではないだろうか。(6)Ⅰでは、葬儀の場に不似合いな焼き魚の匂いを津瀬さん本人が一番みごとに描けるはずだと感慨深く受けとめている。Ⅱでは、母の間の抜けた様子に「父は、母のこういう所を愛していたのだ」と気付いている。この二つの文章に共通するテーマは、多少間が抜けた思い出に対する懐かしさである。

2 〈ほんとうの自分〉のつくり方　（6〜7ページ）

榎本博明《えのもとひろあき》…一九五五（昭和三〇）年〜。東京都出身。心理学者。東京大学教育学部卒。大阪大学人間科学部助教授、名城大学人間学部教授などを歴任。MP人間科学研究所代表。教育講演も多く行っている。主な著書に『ほめると子どもはダメになる』『「上から目線」の構造』など。

出典…『〈ほんとうの自分〉のつくり方』（講談社）〈3章　自己物語は聞き手によって形成される　1　語ることと聞くことの意味〉の一節。他者に自分を語ることによって「自分って何？」の答えが形成されるという考えのもと、〈自分〉を見つめ直し、生き方を考える道を探る。

解答

漢字

a （行き）詰（まる）　b 深刻　c さず（けて）　d かいしゃく

e 含（まれる）

(1) ウ
(2) ①(例)悩んでいる人に他者が解決策を授け方向づけをしてやることは、悩んでいる本人以上に他人がよい答えを出せるはずもないため必要ない。
②(例)悩んでいる本人が自分の心のうちに問いかけて何かを引き出す機会をもてるように、じっくり話に耳を傾けること。(52字)
(3) エ (4) ア

解説
(1)傍線部の次の文の内容に注目する。自分が今までもっていた自己物語が無力になってしまったとき、現実に適応した物語として、自分の手で新たに解釈し直すことが求められるのである。 (2)①悩んでいる人に対してとりがちな態度を示した上で、それがなぜ必要ないかを説明している。 ②続く段落の「何か解決策を授け」ることは、よくない態度として指摘されている内容である。筆者は悩んでいる人が新たな自己物語を解釈し直す機会をつくれるよう、じっくり話に耳を傾けることが大切であると述べている。 (3)何度も語り直すことによって、自分が納得できる物語へと書き換えを行っていくのである。 (4)聞き手に向かって自分の悩みを語るのは、それに対する解決策を示唆してほしいからではなく、話すことによって自分の中で自己物語を解釈し直し、意味づけをおこなっていくためである。**イ**は聞き手のよくない態度として指摘されている内容。**ウ**は、話すことによって整理されていくのだから不適切。**エ**は、聞き手は誰でもよいわけではなく、じっくりと話に耳を傾けてくれる人が求められている。

3 コミュニケーション力 (8〜9ページ)

齋藤孝《さいとうたかし》…一九六〇(昭和三五)年〜。静岡県出身。教育学者・明治大学文学部教授。東京大学法学部卒。専門は教育学、身体論。三色ボールペンを用いた読書法などを提唱している。著書に『声に出して読みたい日本語』など。

出典…『コミュニケーション力』(岩波新書)。豊かな会話やクリエイティブな議論を行うためのポイントや、話の流れをつかむ力やその基になる身体の重要性を強調しながら、生き生きとしたコミュニケーションの可能性について論じている。

解答
漢字 a こわ(い) b 構(わない) c 閉(じこもり) d かぎ e 交渉
(1) 独立
(2) コミュニケーションしたいという欲求(17字)
(3) (例)あまりにもひどく、言葉が出ないほどであること。
(4) ア (5) エ

解説
(1)後の「経済的に親に依存している」と反対の内容が入る。どのような経済状況であれば子どもが「一人暮らし」できるのかを考えながら読み進めると、最後の一文に「独立」という言葉が見つかる。 (2)本文冒頭に「私たち人間は、コミュニケーションしたいという欲求を強く持っている。」とある。「気持ちを軽く伝えることができる」相手は、日常生活において、人間のコミュニケーション欲を満たしてくれる重要な存在なのである。 (3)「ゴンゴドウダン」という読みも覚えておく。 (4)直後の「本当はお金のこととは別に、家族であればコミュニケーションを拒否することなどはまったくおかしい。」から、筆者はコミュニケーションの義務を経済的依存から根拠づけることは、本来正しくないと考えていることが読み取れる。しかし、ここでは、「親子関係における義務を強調するため」の「一つの方便」として、「経済のこと」に言及しているのである。 (5)**ア**「得意ではない」、**イ**「物足りなさの穴埋めとして犬を飼う人が増えている」、**ウ**「家族の中では経済力で人間の価値を判断する」が、本文の内容と一致しない。

4 美の値段 （10〜11ページ）

池田満寿夫《いけだますお》…一九三四（昭和九）年〜一九九七（平成九）年。満州国出身。彫刻家。一九五七年第一回東京国際版画ビエンナーレ展に入賞したのをはじめ、数々の賞を受賞。小説にも才能を発揮し、一九七七年『エーゲ海に捧ぐ』で芥川賞を受賞。自ら監督し、映画化された。他の著書に『窓からローマが見える』『これが写楽だ』などがある。

出典…問題文は『美の値段』（光文社）から収録した。この作品では芸術作品にどのように値段がつくかが述べてあるが、筆者は美術品を金もうけの手段として使うのではなく、あくまでも人間の生活空間と精神を豊かにするためのものだということを強調している。

解答

漢字　a 重宝　b 拍子　c はや（って）　d 真似　e 素人

(1) **イ**

(2) 〝個性がある〟とか〝個性的〟という表現

(3) 個性はあるが、独創性がないため。

(4) 偶然世界的な発明をする可能性

(5) **エ**

(6) （例）画家を志すならば、美術史や現在の流行を知った上で独創的な絵を描かなければならないため。

解説

(1)「世界の仕組みを知らなければできないのが独創性である」から、「積極的」に世界の情報を集める必要がある。 (2)何が「重宝に使われる」のかを考える。〝個性がある〟、〝個性的〟だけでは不可。 (3)筆者は「個性」と「独創性」をはっきりと区別して定義している。「個性」は各人が生まれつき持っている癖のようなもの、「独創性」は自分で積極的に行動して手に入れるものである。「見本がないとなにもつくれない」のは、「独創性」がないからである。 (4)指示語のさす内容は、指示語の前にあることが多い。現代ではどのような可能性がないのかを考え、直前の「偶然世界的な発明をすること」に着目する。 (5)空欄Bの後に「とっさに嘘を言ったのか、本当に見たことがないのか」とある。したがって答えは**エ**である。筆者はピカソが好きなのかどうかを聞いているのであって、ピカソの絵をまねているのかどうかを聞いてはいないので**イ**は不可。 (6)美術学校の学生がピカソを知らないとなぜ「不勉強としか言いようがない」のか。将来画家を志す人が、「その分野のことを知ろうと努力するのは当然であり」、また「知らなければ独創的な絵は描けない」からである。

5 親からの頼まれごと （12〜13ページ）

増田《ますだ》みず子《こ》…一九四八（昭和二三）年〜。東京都出身。小説家。独身生活を主題とする作品が多い。作品に『シングル・セル』など。

出典…二〇〇七年二月十八日『日本経済新聞』掲載の文章。認知症になった両親との交流を通して感じたことを、率直な文章で綴《つづ》っている。

解答

漢字　a 承諾　b 不通　c 救急　d なっとく　e 狭（い）

(1) （例）ありもしないことを付け加えて、誇張すること。

(2) （例）継続的な思考力を失い、その場で感じ、考えたことだけが意識を占めているということ。

(3) 自由な（〜）たがる（がる。）

(4) **エ**

(5) **ウ**

解説

(1)「尾ひれをつける」は「誇張する」という意味であることを押さえる。 (2)直後の「その場で感じ、その場で考えることがすべてである。」に注目する。「時間の流れと変化」とは、思考の「継続性」を意味する。母親には、それが「欠如」しているのだ。 (3)現状の生活や施設に対する母親の感情を読み取り、母親の「願い」が具体的に示されている部分を見つける。 (4)認知症の母親は、五分前のことでもすぐに忘れてしまうのだ。それをわかったうえで、「私」

は母親に何度も「心をつくして、説明を繰り返」しているのである。　(5)母親は「自由な生活を求め、しきりに独り暮らしをしたが」り、それがかなわなければ「生きている甲斐《かい》がない」と、自殺まで訴えていることから考える。

6 ことばとは何か　言語学という冒険　（14〜15ページ）

田中克彦《たなかかつひこ》…一九三四（昭和九）年〜。兵庫県出身。言語学者。東京外国語大学外国語学部モンゴル語学科卒。専門は社会言語学で、モンゴル研究も行っている。近年、独自の理論による漢字批判でも注目を浴びている。

出典…『ことばとは何か　言語学という冒険』（筑摩書房）。時代の流れや社会規範によって変化を続ける言語。その本質に迫った近現代の言語学の成果を検証し、現代世界が直面する言語問題にも鋭く切り込んでいる

解答

漢字　a 異（なる）　b あつか（って）　c 前提　d 影響　e 視野

(1) （例）自らの分類上の地位に関する意識のないもの。

(2) **ウ**

(3) （例）言語学者は、言語そのものについて考えるだけで、それらが存在した環境についてはほとんど考えないから。

(4) **ア**　(5) **エ**

解説

(1)動植物と言語は「どちらも『自然の存在』として考えることができ」ることから、両者の共通点を考える。「そのような意識はない」点、つまり、「自らの分類上の地位を知らない」点で共通しており、筆者はそのようなものを「自然の存在」と呼んでいるのである。　(2)直前の一文とのつながりに注意する。「それにもかかわらず」の後には、前の文と反対の内容が続くと考えられる。よって、「言語は〜自立した存在としてはあり得ない」にもかかわらず、「まるで自立したものであるかのような存在として扱ってきた」という文脈になると判断できる。　(3)「より単純な確認で満足するつつましい人たち」という表現は、言語学者の研究態度を婉曲に批判していることを捉える。言語学者が「言語そのものを考えるしかた」は生物学者と同じだが、「それをどんな人間がどんな社会で〜話していたかということを〜考え」ない点が異なると指摘している。　(4)近代言語学がどのようなことを「無視したわけではない」のかを、直前の内容に注目して読み取る。　(5)**エ**は、第三段落の「言語は、それを話す人間なしには自立した存在としてはあり得ない」と一致する。

7 項羽《こうう》と劉邦《りゅうほう》　（16〜17ページ）

司馬遼太郎《しばりょうたろう》…一九二三（大正一二）年〜一九九六（平成八）年。大阪府出身。一九六〇年『梟《ふくろう》の城』で直木賞を受賞、一九六六年『竜馬がいく』『国盗り物語』で菊池寛賞を受賞。一九七二年『世に棲む日々』を中心とした作家活動で吉川英治文学賞受賞。『街道をゆく』などのエッセイを含め、数多くの著作がある。

出典…本文は『項羽と劉邦』（新潮文庫）の下巻より収録をした。この作品は司馬遷の『史記』という中国古典文学から題材を得ている。問題となっている部分は『史記』の『項羽本紀』の有名な項羽の四面楚歌の部分で、いよいよ項羽が最期をむかえる場面である。

解答

漢字　a 編成　b 指揮　c 出撃　d 憶測　e たと（え）

(1) （例）脱出は、自分の命を生きながらえさせるためではなく、闘死をするためだから。

(2) （例）城を脱出して、再起できる可能性があるにもかかわらず、死をも覚悟している。

(3) ①（例）戦争という非日常の状況だから。　②（例）自分の命よりも主君である項羽の命を案じている。

(4) （例）自分の運命をすべて項羽に預けているということ。

(5) **エ**

解説

(1)闘いの中で死ぬ覚悟を決めることと、闘いから逃れて逃げるという一見矛盾したことが項羽の心に浮かんだのである。しかし、この考えは矛盾したことではない。項羽は自分が助かるために逃げるのではなく、劉邦との決戦に備えるために城から脱出するのである。(2)項羽にとって死しか選ぶ道がないのではなく、今なら戦場から抜け出してもう一度生き延びるチャンスがある。にもかかわらず、項羽は闘死を覚悟している。(3)①戦場は非日常の世界である。したがって、日常の人間感情では、戦場という非日常の状況での心情は憶測できないのである。②主君に忠誠をちかった側近たちといっても、生身の人間であるため自分の命が一番大切であるはずだが、非日常の戦場では主君の命のほうを心配するのである。(4)(3)で考えたように、側近と項羽との絆は大変深いものである。文中に出てくる「符」のように、側近と項羽は、そのどちらかが欠けてもお互い生きていけない。つまり、一蓮托生《いちれんたくしょう》なのである。(5)項羽の軍はいよいよ追い詰められた。項羽は普段のように振る舞ってはいるが、もう勝てる見込みはないと思って、敗北を覚悟している。

8 金閣と水俣《みなまた》 (18～19ページ)

水上勉《みずかみつとむ》…一九一九(大正八)年～二〇〇四(平成一六)年。福井県出身。小説家。幼少時の体験に基づく『雁の寺』で一九六一年直木賞を受賞。『五番町夕霧楼』『越前竹人形』『飢餓海峡』など、多数の著作がある。

出典…『金閣と水俣』(筑摩書房)。赤貧にあえいだ者の視点から世の中を観察し、自己を見つめた随筆集。

解答

漢字
a 親戚　b 旋律　c げんすい　d 命題　e ゆが(み)

(1) **ウ**　(2) A 放火　C 動機　E 貧困

(3) B **ウ**　D **イ**　(4) **イ**　(5) **イ**

(6) (例)臨済派の教団禅が、私たちを歪めていたことについて語ること。(29字)

解説

(1)主格を表す「の」を選ぶ。**ウ**以外は、すべて連体修飾格。

(2)A火事の原因を表す語句を選ぶ。C「放火の動機」が「腑に落ちない」という箇所に続く文なのだから、「林君」が言えなかったのは「動機」であるはずだ。　E「若狭に育った 5 な者」とは筆者のことであり、「金閣寺」の作者である三島由紀夫とは対照的な立場の者である。　(3)Bは、筆者が様々な新聞記事から得た情報を総合して、大体の事情がよめたことを読み取る。Dは、「将官以上」の位に対比されるのは「兵卒」であることを知っておく。　(4)すぐ後に続く「不満はかくせなかった」がヒントであり、それが三島由紀夫の『金閣寺』に対する筆者の感想であることをとらえる。　(5)**ア**は、知的であることを人々に望む言葉。**イ**は、フランス革命時にマリー・アントワネットが言ったとされる、貧困を理解できない人間の言葉。**ウ**は貧困にあえいだ石川啄木の歌。**エ**は、万人の平等を説く福沢諭吉の言葉。(6)この直後の「果たさねばならない。」から考えて、少し前の「語らねばならぬ。」に行きつく。　語らねばならぬのは何かを考える。

9 科学の目 科学のこころ (20～21ページ)

長谷川眞理子《はせがわまりこ》…一九五二(昭和二七)年～。東京都出身。人類学者。東京大学理学部卒。総合研究大学院大学学長。専攻は行動生態学、進化生物学。『進化とはなんだろうか』『生き物をめぐる四つの「なぜ」』など著書多数。

出典…『科学の目 科学のこころ』(岩波新書)〈Ⅲ 科学史の舞台裏〉から〈デカルトの誤りデカルトの慧眼《けいがん》〉の一節。根っからの理科系でも文化系でもないと自称する筆者が、クローン羊の誕生やムシの子育てなど、一般の人にも理解しやすい具体的な例を挙げつつ、現代に必要な科学的教養のあり方について考えるエッセイ集である。信州大学の入試問題として出題されたものの一部を改訂したものである。

解答

漢字
a 互(い)　b 喚起　c のが(れられない)　d 根拠　e 偶発

(1) 私たちが認　(2) ウ
(3) (例)なかなか逃れられない自分自身にとっての現実から脱却して、世界の真実と自分の認識する世界との間にずれがあるかもしれないことを指摘したから。
(4) (例)私たちが世界をどのように認知するかは人間が生存するために役に立つような仕方に作られているはずであり、私たちの認識は、世界の真実の一部と対応している。
(5) (例)空を飛ばずに地上を歩き、昼間に活動するという特徴。

解説

(1)デカルト以前の時代には認識されていなかったのは、前段落で示されているデカルトの指摘である。　(2)「赤」は、前段落で述べた「リンゴは赤いと認識する」を踏まえている。人間の網膜に認識されるものにすぎないリンゴの赤色を、リンゴが元来もっている本質的なものだと思い込むということである。
(3)ここまでの部分で述べたデカルトの指摘を彼の「慧眼」であると述べているのは、人間が陥りがちな「自分自身にとっての現実から逃れられない」という状態からデカルトが脱却しているからである。　(4)「疑問」とは、「世界の認識」と「世界の真の姿」とが無関係かどうかということ。直後の段落で述べているのは一般的な考えであり、筆者は「私はそうは、思わない」と打ち消した上で自身の考えを述べている。　(5)「私たちが世界をどのように認知するか」の原因となっている人間の生態学的な特徴についてまとめる。

章末問題　日本語は生きのびるか　(22〜23ページ)

平川祐弘《ひらかわすけひろ》…一九三一(昭和六)年〜。東京都出身。比較文化史家、評論家、翻訳家。東京大学教養学部卒。フランス語・イタリア語・ドイツ語に堪能でイタリア文学の翻訳も多く、ダンテの『神曲』を口語体で翻訳。小泉八雲(ラフカディオ・ハーン)の研究でも知られる。主な著書に『和魂洋才の系譜──内と外からの明治日本』『西洋文明の衝撃と日本　比較文化の視点から』『日本の正論』など。

出典…『日本語は生きのびるか──米中日の文化史的三角関係』(河出ブックス)〈第五章支配言語とナショナルな詩論の発生─周辺言語の自立とは何か〉の一節。英語が世界の支配語となるグローバル化社会において、辺境の言葉である日本語が今後どうなっていくかについて、歴史と世界を俯瞰しつつ考察する。長崎大学の入試問題として出題されたものの一部を改訂したものである。

解答

(1) a 経済　b くし　c 反映　d たちう　e 屈服
(2) (例)自分の意思を海外に向けて通じさせることが難しくなり、国際社会の中で名誉ある地位を保てなくなるということ。
(3) イ
(4) 英語を母語とする人々に有利となる(世界)。
(5) (例)英語の重要性から目を逸らし、海外との交流を避けようとする態度。
(6) (例)国際感覚を養い、英語を自由に駆使して国際社会での地位を保ちつつ、自分自身の文化的アイデンティティーも保持するということ。
(7) (例)今後は英語だけでなく他の言語も話せるトライリンガルな能力をもった多力者が求められるようになるが、そのときに後天的に取得しづらい日本語を話せる日本人は有利であるから。

解説

(2)「日本のサーヴァイヴァル」が第四段落で「わが国の生存」と言い換えられ、説明されていることに注目する。外国語で太刀打ちできなければ、「日本が国際社会の中で名誉ある地位を保つことは心もとない」と指摘されている。
(3)「所与の条件」とは、そもそもの前提となる条件のこと。その条件とは、英語を話せるかどうかはわざわざ問われず、共通言語であることが当然のこととして受け入れられるようになること。　(4)「格差」が指す内容を押さえる。「英語が話せなければ差別される」「英語が話せることで優位に立てる」ということなので、この内容が述べられているところを探すと、冒頭部に「英語を母語とする人々に有利となる」という表現がある。　(5)「攘夷鎖国」は江戸時代における日本の政策を指す言葉だが、筆者は二十一世紀の日本人がもちえる考え方としてこの言葉を用いることによって、日本人が前時代的な態度をとることに警鐘を鳴らしている。　(6)「両面」の指す内容を押さえる。同じ段落の前半に「二言語・二文化」とあるが、これではないので注意。「バイリンガルでバイカルチュラル」な部分と、「文化的アイデンティーは大切に保持する」部分の「両面」である。　(7)「他力者」は「トライリンガルな、第二外国語をも駆使し得る、三転測量のできる能力」を持った人のこと。このような人が求められるようになれば、そもそも日本語という取得が難しい日本語をネイティブとして話せる日本人には稀少価値が認められる、と筆者は指摘している。

第2章　文章を味わう

10 おはなしおはなし〈自己実現〉　（24～25ページ）

河合《かわい》隼雄《はやお》…一九二八（昭和三）年～二〇〇七（平成一九）年。心理学者。兵庫県出身。京都大学理学部卒。六二年～六五年にスイスのユング研究所に留学。臨床心理学者・心理療法家。京都大学名誉教授、文化庁長官。『昔話と日本人の心』『とりかへばや、男と女』など著書多数。

出典…『おはなし　おはなし』（朝日新聞社）。本書は朝日新聞の日曜の家庭欄に「おはなし　おはなし」として、一九九二年十一月より翌年十月まで連載したものに、少々書き加えられたものである。多くの悩める現代人に向き合ってきた著者が、心と心をつなぐ「おはなし」の大切さを語ったエッセイ集である。

解答

漢字

a 先輩　b 誤解　c こんとん　d 賞賛（称賛・賞讃・称讃）

e かっとう

(1)　c 物事の区別がはっきりしないようす。　e あらそい。もめごと。もつれ。

(2)　夏目漱石　(3)　混沌そのもの

(4)　どうしようもないやり切れなさ（14字）

(5)　（例）「自分のやりたいこと」をできる限りするという幸福感に満ちたもの。

(6)　**ウ**

解説

(1)言葉の意味の問題。わからない言葉はすぐ辞書で調べる癖をつけよう。

(2)文学史の基本問題。「漱」の文字に注意。　(3)『自己』とはいったい何なのだろうか」という問いに対する答えが、すぐ後の文にある。　(4)周囲の人たちとの間の葛藤や感情の行き違いなど、「自分の意識では簡単にコントロールできない力」に対して、人は「どうしようもないやり切れなさ」を感じながら生きているのである。　(5)第二段落に「自己実現」の一般化された意味が示されている。　(6)主題に関する問題。筆者の主張を、全文をよく読んで捉えよう。この種の選択式問題は、消去法も有効である。その方法で考えれば、**ア**は内容の一部分しか捉えておらず、**イ**は筆者の主張することとは逆の考えである。また、**エ**の内容は文中のどこにも触れられておらず、正解は残った**ウ**ということになる。

11 君子、危うきに近寄らず　（26～27ページ）

亀山《かめやま》郁夫《いくお》…一九四九（昭和二四）年～。栃木県出身。ロシア文学者。東京外国語大学外国語学部ロシア語学科卒。ソ連時代の文化や芸術について論評を行っており、特にドストエフスキーの研究に力を注いでいる。

出典…『図書』二〇〇六年五月号（岩波書店）に掲載された文章の一節。筆者がひときわ愛着が深い、アンドレイ・プラトーノフの『土台穴』（国書刊行会）を翻訳する際に生じた、翻訳者としてのジレンマについて述べている。

解答

漢字　a 不一致　b うかい　c ひんよう　d 瞬間　e 揺(らぎ)

(1) ア　(2) 動詞と副詞

(3) 壊れた(〜)の執念

(4) (例)原文にできるだけ忠実に翻訳したいが、そうすると翻訳とは言えないものになってしまうため、どちらとも決めかねること。

(5) 1現実の悲惨(現実の世界)　2日本語

解説

(1)直前の「現実の世界がこれだけ壊れているのに」と対比して、「平気な顔」とは、どのような文章のたとえであるかを捉える。　(2)本文冒頭で、筆者は「これはほんとうにロシア語を母語とする作家が書いたものだろうか」と疑念を抱いている。直後の一文から、「動詞と副詞の時制上の不一致〜俗語の頻用」などが、その根拠であるとわかる。　(3)第一段落に「壊れた現実とできるだけ等価な世界を作りあげようという作家の執念」とある。これは、第二段落冒頭の「『現実』と限りなく等価に近いものを作りあげたい」という欲求と同じものである。　(4)「作家の執念」に応《こた》えるべく翻訳したいのに、原文が壊れているため、すんなり翻訳するわけにもいかないのである。　(5)1は、作家は「現実の悲惨を『翻訳』しようとして」いることに注目する。2は、作家が翻訳したものをさらに日本語に翻訳すると、「重訳」になってしまうのである。

12 日本語の文法を考える　(28〜29ページ)

大野晋《おおのすすむ》…一九一九(大正八)年〜二〇〇八(平成二〇)年。東京都出身。東京帝国大学文学部国文学科卒。国語学を専攻し『日本語の起源』『日本語をさかのぼる』『上代仮名遣の研究』など著作多数。

出典…『日本語の文法を考える』(岩波新書)。文の基本的構造、名詞や代名詞の性格、動詞活用形の起源などを分析しながら、日本語の統語の本質とは何かということを解明しようとする。体系的に日本語文法を述べるというよりも、もっと自由に筆者のこれまでの研究を語っている。

解答

漢字　a 粗暴　b 崩壊　c 動揺　d げこくじょう　e 待遇

(1) 掛詞

(2) (当時の社会の人たちが)いかに人間関係の上下の扱いについて、言葉の面でも鋭い神経を働かせていたか

(3) (例)下位に見られたことを意味する。

(4) 新しい人間関係がつくられようとする社会(19字)

(5) エ

解説

(1)直前に「薩埵と佐太との」とある。掛詞は和歌の修辞法の代表的なものの一つ。本文八行目に「『薩埵』と、『佐太』との音がかよう」とあることに着目する。掛詞は、発音上同音であることを利用して、一つの語に意味の異なる語を掛けて、短い表現に複数の意味をもたせる技法のこと。　(2)具体例を述べた後で、十七行目からそれについての筆者の見解を述べているので、この段落の中から探す。「これは……示している。」の形に注目し、中心的な内容を抜き出す。最後の一文も同じ内容を述べているが、この部分では「相手の待遇の仕方」という表現がやや抽象的である。　(3)京女としての誇りと教養を持つ女房に対し、佐太は十七行目「社会的な地位のあがりつつある人間」である。その関係から考えれば、佐太が女房から下位に見られたことがわかる。　(4)最後の一文が傍線部③以降の内容の言い換えである点を押さえれば、解答は得られる。　(5)イ「さたが」と「さたの」は、文法的な誤りとはいえない。ウ佐太に対して遠慮しているために女房は和歌を用いたわけではない。オ「いつの時代も」の部分が誤り。

13 風立ちぬ （30〜31ページ）

堀辰《ほりたつ》雄《お》…小説家。一九〇四（明治三七）年〜一九五三（昭和二八）年。東京都出身。芥川龍之介、室生犀星《さいせい》に師事し、後に、横光利一、川端康成らと『詩と詩論』に参加。肺結核のため、後半生を軽井沢、追分で送る。『聖家族』で文壇に登場。他の作品に『美しい村』『菜穂子』『かげろふの日記』、随筆『大和路、信濃路』などがある。

出典…問題文は『風立ちぬ』（新潮文庫）の冒頭部分を収録した。『風立ちぬ』は名作として読みつがれ、映画化もされている。生きることよりは死ぬことの意味を問題にした作品である。

解答

漢字　a のぞ（いている）　b ほとん（ど）　c 梢　d 諦（め）　e 唇

(1) A **ウ**　B **ア**

(2) (例)青空が木の葉の間から見え隠れしている様子。

(3) (例)父親に見つかったら困ると思いつつ、「私」との二人だけの時間を幸せだと思う気持ち。

(4) (例)言いたいことをはっきり言わない「お前」に対して、じれったく思う気持ち。

(5) (私に)つとめて微笑んで見せようとした。

(6) (例)本心では「私」と別れたくないが、現実には別れなければならないため、気持ちが動揺していたから。

解説

(1)A直前の「砂のような雲」がヒント。つまり、雲が砂のように流れるのだから「さらさら」が答え。　Bまず倒れたものを考えると、絵が画架と共に倒れたのだとわかる。**イ**や**エ**ではあまりに重量感がありすぎる。**ウ**ではものが崩れるイメージが強い。したがって答えは**ア**。　(2)まず、何が伸びたり縮んだりしているのかを考えると、「頭の上」「木の葉の間」「藍色」から空であるとわかる。それが風でゆれる木の葉によって見えたり見えなくなったりしているのだ。　(3)小説では、登場人物のセリフが問題を解くときの重要な鍵となる。ここでは直前の「まあ！　こんなところを〜」に着目して、「お前」の「父」に対する気持ちと、「私」に対する気持ちを考える。　(4)「私」は、「お前」が「私」だけに関心を向けてくれないことに対して苛立っている。さらに、このような状態に対して「お前」がはっきりとした態度を示さないことに「私」は不満なのである。　(5)「お前」が「私」の気持ちを気づかっているような態度を表している部分を抜き出せばよい。　(6)「お前」は自分の本当の気持ちと現実との間で大変動揺している。つまり、「私」とは別れたくないのだが、「だって仕方がないじゃないの」というセリフから考えて、父親が来れば別れなくてはならない現実に直面して、「蒼ざめていた」のである。

14 天の穴・地の穴 （32〜33ページ）

立松《たてまつ》和《わ》平《へい》…一九四七（昭和二二）年〜二〇一〇（平成二二）年。栃木県出身。市役所勤務などを経て作家に。本名、横松和夫。小説『火の車』『遠雷』『歓喜の市』など著書多数。

出典…一九八九年八月、朝日新聞の『終わりの夏に』の中で、『天の穴・地の穴』と題しての一節。

解答

漢字　a おお（っている）　b 浄化　c 維持　d 享受　e 愚直

(1) C

(2) (例)人間として現代の文明の中で生きるということが、地球を確実に破壊へと追いやっているという時代。

(3) **エ**

(4) (例)現状では、フロンを全く使わずにすますことができないということを、強調している。

(5) 破局を待つ重態の患者（10字）

解説

⑴Cの直前の「いかなる生物とも相互作用をしない」という内容が、脱文の「他の生物と共存しようと」しない、「人間のようで」あるということをおさえる。⑵どのような点が「やっかいな」のかを、それより前の内容に注目してまとめる。解答の最後に「時代」という語を使用するのを忘れないこと。⑶「唇が寒くなってしまう」とは、芭蕉の句「物言えば唇寒し秋の風」（人の短所を言った後は、寒々とした気持ちになる）を踏まえて、なまじ余計なことを言えば、そのために災いを招くということを述べている。現代に生きている筆者による文明批評は自分自身にも降りかかる言葉となり、その結果、筆者自身も「むなしい気持ち」になるのである。⑷前の部分で、フロンを使わずに生きてきた人はいないのではないかと述べている。「できるだけ使わない」とは、全く使わないということではない。だから、傍点によって強調しているのは、フロンを使わないではいられない、現代のどうにもならない状況だということである。⑸筆者は、現代の危機的状況の中で解決策を見出せない「私たち」のことを、「破局を待つ重態の患者」にたとえている。

15 柔らかい個人主義の誕生 （34〜35ページ）

山崎正和《やまざきまさかず》…一九三四（昭和九）年〜二〇二〇（令和二）年。京都府出身。京都大学在学中より演劇活動に携《たずさ》わり、『世阿弥』によって劇作家としての立場を確立した。東西の芸術論、演劇論を専門とし、劇作から文明・社会批評まで活動領域は大変広い。現代を代表する評論家。

出典…『柔らかい個人主義の誕生』（中央公論社）。西洋の伝統的な個人主義を産業化社会の産物としてとらえた筆者は、現代日本の社会に見られる個人主義の萌芽《ほうが》を新しい脱産業化という観点から考察した。大きく変化している日本社会を鋭く捉え、論じている。

解答

漢字　a 差異　b うんでい　c ぜんそうてき　d 帰属　e 寄与

⑴ 生活環境　⑵ B ア　C ウ　D エ　E イ

⑶ ア　⑷ エ

⑸ ① 世代意識の変化　② エ

解説

⑴冒頭の一文で、老年とは対照的なものとして青春について述べている。その説明の観点は「生理的」な等質性と「生活環境」の二点になっている。老年についても同様に説明しているので、「生活環境」が入るとわかる。⑵本文を丁寧に読むことが大切である。Bは後に続く内容からア「いうまでもなく」がふさわしい。Cは前の部分と後の部分で反対の内容を述べていることからウ「逆に」となる。Eは「多元化」という言葉を受けてその例をあげているのでイが入る。⑶「社会の高齢化」が「多元化」をもたらすことを読み取ることが大切である。「社会の全体を動かす大流行」は「多元化」とは全く反対の動きであるから、アの「むずかしくなる」が最適である。イの「全くなくなる」というような強い表現は、文脈には合わない。⑷「けだし」は確信をもって推定する気持ちを表す語。⑸①「世代意識がいかに……帰属関係を作ってきたかを思えば、この変化が個人の個別化に寄与する力も無視できない」とあるので、「この変化」とは「世代意識の変化」だと考えられる。一つ前の段落に「これまでの日本を支配してきた世代意識の変化」という表現がある。②直後に「個人の個別化に寄与する力も無視できない」とあるので、「この変化」により「個人の個別化」が生じると考えられる。

16 灰色の月 （36〜37ページ）

志賀直哉《しがなおや》…小説家。一八八三（明治一六）年〜一九七一（昭和四六）年。宮城県出身。一九一〇年、武者小路実篤らと雑誌「白樺」を創刊、「白樺派」とよばれる。一九四九年文化勲章を受章。おもな作品に『網走まで』『城の崎にて』『小僧の神様』『暗夜行路』などがある。

出典…問題文は『灰色の月』（新潮文庫）から取り上げた。この作品は志賀直哉後期の作品で昭和二〇年十一月、終戦の年に執筆され、翌年の一月、「世界」に発表された。敗戦によってどん底に落ちた日本人の気持ちをあくまで冷静に描いた作品である。

解答

漢字　a しばら(く)　b 顧(み)　c 抵抗　d がらす　e 駄目

(1) (例)印象のよくない少年の不審な行動に不快感を抱き、あまり近づきたくなかったから。

(2) (例)少年が栄養失調のため、今にも倒れそうなこと。

(3) **ア**

(4) ①(殆ど反射的に)寄りかかって来た少年工の身体を肩で突き返した(。)
②(例)心の中では少年に同情していたが、印象のよくない少年が自分に触れたことを反射的に嫌ったということ。

(5) (例)同情だけではどうすることもできない事実に直面し、みじめで絶望的な気持ち。

解説

(1)少年に対して「私」はどのような印象をもったのか。「口はだらしなく開けたまま」や、「不気味に感じられた」のような表現から、あまりよい印象ではなかったことが読み取れる。　(2)この小説の時代背景を考える。小説の問題を解くときは、場面や状況設定を考えることも非常に重要である。本文の後半の「昼間でも駄目かも知れず、まして夜九時では食物など得るあてはなかった。」から食糧難の時代であることがわかる。また、「私の体重は今～少年工のそれはそれよりも遙《はる》かに軽かった。」から、少年工が栄養失調の状態であると判断できる。　(3)「物憂い」とは気が進まない、ゆううつ、けだるい、という意味だが、ここでは少年工が同じことを二度も聞かれたことに注目する。また、後半部分の「どうでも、かまわねえや」という少年工のなげやりな態度も参考にして**ア**と判断する。　(4)①傍線部㈣の直前の「これ」のさす内容を読み取ればよい。②「私」は「一層気の毒な想い」をしたという部分から、少年工に対して同情していたのだが、同時に不快感ももっていた。ここでは反射的に、その不快感が出てしまったのだろう。　(5)「私」を含め、周りの人々も、少年工を助けてやりたいという気持ちはあるのだが、現実には食糧が手に入らないという事実があり、その事態に直面して絶望感を味わっている。

17 日本人にとって美しさとは何か

(38～39ページ)

高階秀爾《たかしなしゅうじ》…一九三二(昭和七)年～。東京都出身。美術史学者・美術評論家。東京大学教養学部卒。専門はルネッサンス以後の西洋美術。東京大学美術史教授、西洋美術館館長、大原美術館館長などを歴任。現在は日本藝術院長を務める。一九六九年刊行の『名画を見る眼』は、五十年以上も名著として読み継がれている。他に、『ルネッサンスの光と闇』『芸術のパトロンたち』など著書多数。

出典…『日本人にとって美しさとは何か』(筑摩書房)〈Ⅲ 日本人の美意識はどこから来るのか〉から〈実体の美と状況の美〉の一節。日本独自の美意識についてさまざまな日本美術の例を挙げながら考察し、そこに中国や西洋の多様な要素が取り込まれていることを指摘し、現代の日本文化の根底に流れる本質について考察する。三重県立看護大学の入試問題として出題されたものの一部を改訂したものである。

解答

漢字　a きかがく　b 類縁　c 一貫　d えいびん　e 不易

(1) (例)西欧世界において、「美」には明確な秩序があり、そうした客観的な原理に基づいて制作した作品はおのずと「美」を体現しているということ。

(2) A **イ**　B **ウ**　(3) **ア**　(4) **ウ**

(5) (例)状況に左右されずにそのもの自体の美しさを重視する「実体の美」ではなく、自然の営みと結びつき、すぐに消えゆく最も美しい状態を鋭敏な感覚で捉えようとする「状況の美」を大切にするもの。

解説

(1)「八頭身の美学」は、西欧世界における「美」についての考え方の例となっている。前の段落の内容をまとめる。(2)A前で述べた内容を肯定しつつ、相反する内容を補足する表現である。B「この時期の彫刻作品はほとんど失われて」いることと、「模倣作品を通して…原作の姿をうかがうことができる」ことが逆接の関係で結ばれている。(3)ローマ時代の彫刻作品は現存していないが、それがある「原理」に基づいて制作されていることはわかっている。そのため、たとえ不完全な模倣作品であっても、それがどのような「美」を表現していたかはうかがい知ることができるのである。(4)《ミロのヴィーナス》が造られた地中海のある島から動かされ、ルーブル美術館にあっても、あるいはたとえ砂漠にあっても美しいのは、それが状況に左右されない「実体の美」を体現したものであるからだということを捉える。(5)「実体の美」「状況の美」を対比してまとめる。それが「自然の営み」と密接に結びついていることも指摘すること。

18 日本の文章 (40～41ページ)

外山滋比古《とやましげひこ》…一九二三(大正一二)年～二〇二〇(令和二)年。愛知県出身。東京文理科大学文学部卒。チョーサー、シェイクスピアなどイギリスのルネサンス期文学の研究のかたわら、ジャーナリズム論の分野にも関心を持ち、執筆活動をしている。『日本語の論理』『省略の文学』など多くの著作がある。

出典…『日本の文章』(講談社学術文庫)。英文学に造詣の深い筆者が、母国語である日本語を客観視し、英語との比較を通して現代日本語について鋭い考察を加えた文章。言葉や文章に対して、無意識でいることを反省させられる。平易な文章であるが、日本語や国語教育について問題提起している。

解答

漢字 a 高揚 b 衆目 c 指針 d 衰微 e おうか

(1) 退屈しなかった

(2) (例)イギリス人の間で、聖書の文体が文章についての暗黙の国民的同意になったこと。

(3) 四書五経 (4) 基本的合意(国民的同意)

(5) (例)どのような文章を読むか、また、どのような文章を書くか、何も制約を受けないこと。

(6) (例)国民が皆、すぐれた書物を繰り返し読んで、共通の経験を持つこと。

解説

(1)「倦《う》む」とは、「同じことなどを長く続けて嫌になる。退屈する。」という意味。(2)イギリスでどのようなことがあったのかを、直前の内容から読み取る。(3)聖書に匹敵するような、多くの日本人に読まれていた書物が入る。五行後に「聖書や論語」とあることから、論語を含むものであると考える。(4)同じものを多くの人が繰り返し読むことで、どのような結果になったのかを考えるとよい。(5)価値ある良書を多くの人が何度も読むという習慣が失われたことによって、文章修行の機会が失われた。また、何を読むかについても制約を受けなくなった。この二点をまとめる。(6)聖書や四書五経に当たるような古典的な作品を読まなくなったことに「混乱」の原因があるのだから、その原因を解決することが必要になる。

章末問題 アーリイモダンの夢 (42～43ページ)

渡辺京二《わたなべきょうじ》…一九三〇(昭和五)年～。京都府出身。思想史家。歴史家。法政大学社会学部卒。近代文明に対する根底的な問題意識を含んだ論評を展開している。著作に『江戸という幻景』(弦書房)など。

出典…『アーリイモダンの夢』(弦書房)。「世界史は成立するか」「アーリイモダンの夢」「カオスとしての維新」「石牟礼道子の自己形成」他、ハーン論、イリイチ論などを収録した評論集。前近代の可能性を探り、近代への批判を重ねた書。

解答

(1) a 訪　b ぼうだい　c 雰囲気　d 記載　e いがた
(2) **イ**
(3) (例)会談を忠実に再現したもの(12字)
(4) (例)歴史とは、多面的で流動的な現実を、語り手の判断で限定し、抽象化・仮構化して叙述されるものだから。
(5) **イ**　(6) **ウ**

解説

(2)「そういう一義的な事実」とは、直前の「明確な事実、あるいはあたう限り明確にできるはずの事実」のことであり、そのような事実があるということに、筆者は異を唱えている。「生の現実は～複雑多面的であり」、多面的な現実を「事実」として一面化すると、「物語は複雑化し、幾通りにも語られることができる」ことを押さえる。(3)「私の生の現実」がどのようなものから「やすやすとはみ出してしまう」のかを捉える。(4)傍線部に「だから」とあるので、直前にその理由が述べられていると考える。人間の経験した現実を「事実」として叙述する際には、語り手の主観的判断による抽象化や仮構化が行われていることを説明する。(5)「最低限の縛り」とは、「想像や推理を『事実』に服属させること」(6)第五～六段落で、筆者は「ありのままの歴史というものはなく～歴史は物語である」と述べている。

第3章　文章を楽しむ

19 社会学入門 (44～45ページ)

見田宗介《みたむねすけ》…一九三七(昭和一二)年～。東京都出身。社会学者。東京大学文学部卒。比較社会学を中心に据え、時間論、自我論などを中心に論評活動を展開している。著作に『現代日本の感覚と思想』など。

出典…『社会学入門―人間と社会の未来』(岩波書店)。「人間のつくる社会は、千年という単位の、巨《おお》きな曲がり角にさしかかっている」。このような転換の時代において、社会学の第一人者から初学者にむけて、社会学の「魂」と理論の骨格について語った一冊。

解答

漢字　a はぐく(んで)　b 公共　c 喪失　d 戻(る)　e 自在
(1) A
(2) (例)現代社会では、秒刻みの忙しさに追われながら毎日の生活が営まれているということ。
(3) **ウ・エ**　(4) **エ**
(5) さまざまな生き方(～)する、ということ

解説

(1)脱文冒頭の「時間」という言葉に注目する。Aの直前で、人々の「毎日の生活」に「時間」という概念が生まれたことを説明しているので、Aの後に入ると考えられる。(2)「二本針」は「分針」、「三本針」は「秒針」のある時計のこと。14～15世紀の一本針の時代に比べると、現代では二本針、三本針があたりまえなのである。このことは、現代の生活が秒刻みの忙しさの中で営まれているということを意味している。(3)「喪失したもの」の例として「計算できないもの、目に見えないもの、言葉によって表現することのできないもの」の三つが挙げられている。選択肢の内容を照らし合わせて、当てはまるものを選

ぶ。　(4)「現代社会の〈自明性の檻《おり》〉の外部に出てみる」とは、自明だと思っていたものは自明ではなく、現代の価値基準は必ずしも絶対的ではないと考えることである。　(5)最後の一文で、筆者は「さまざまな生き方を知るということであり……想像力の翼を獲得する、ということ」だと述べている。

20 王朝文学とつきあう　(46〜47ページ)

竹西寛子《たけにしひろこ》…一九二九(昭和四)年〜。広島県出身。大学卒業後、出版社で編集の仕事に携《たずさ》わったが、やがて日本の古典を中心に評論活動を行うようになった。また一方で小説家としても活発な執筆活動をしている。主な著書に『式子内親王・永福門院』『管絃祭』など。

出典…『王朝文学とつきあう』(新潮選書)。伊勢物語、土佐日記、蜻蛉日記、枕草子、更級日記、源氏物語といった王朝を代表する有名古典をとりあげ、周到な読みを通して個々の作品を分析・解説した良書である。ごく自然に古典にいざなってくれる著作である。

解答

漢字　a たくら(む)　b 意匠　c 行為　d 隔(たり)　e 顕著

(1) **イ**　(2) 喜怒哀楽

(3) (例)文学作品の人物の感受性の具体相を分析する中で、過去の日本人の感受性の一般的法則を導き出すこと。

(4) ①自分の言葉づかいのための法則を得ること。　②失敗する。

(5) **エ**

(6) 古典を読むことの意味(10字)

解説

(1) [A]に続く内容は『源氏物語』の作者が述べたこと、つまり本文冒頭の「実生活の〜物語のほうにずっとくわしい」という部分と重なる。すでに述べたことを改めて確認し、同意の気持ちを表していることに気づけば、**イ**の解答が得られる。　(2)『作中人物のそれ』が作者自身の『喜怒哀楽』の効果的な表現の一つの具体相である。」という、文脈を押さえることが大切である。　(3)まず「過去の日本人の分析」についての説明が必要である。ここでは実在の具体的な人物を特定して言っているのではないことは前の段落から明らかであるから、「過去の日本人」＝「文学作品に登場する人物」と置きかえる。また、分析の対象となるのも「感受性」に限定される。次に「帰納」は、脚注にあるように「個々の具体的事実を総合して、一般的な原理・法則を導き出すこと。」であるから、その内容を使ってまとめればよい。　(4)①日本語を「読む」ことが「話す」「書く」という実際の行為に多かれ少なかれ影響を与えることを前文で述べている。最も望ましい形で影響が出てくることが「目的」ということになる。それはすぐ前の部分に書かれている。　(5)「押しいただく」のは「うやうやしく頭の上にささげる」ことだから、**エ**の「敬意」が最適。「畏怖」では恐ろしさのあまりおののくことになるので、意味が強すぎる。　(6)前半は「日本人の感受性を知ること」、後半は「日本語の歴史を知ること」について述べているが、そのどちらも「古典を読むこと」に関わっている。十三行目からが後半の内容で、その冒頭部分に前半と後半に共通することが挙げられている。

21 日本とは何なのか　(48〜49ページ)

井上章一《いのうえしょういち》…一九五五(昭和三〇)年〜。京都府出身。京都大学大学院に学び、専攻は建築史・意匠論。主な著書に『霊柩車の誕生』『つくられた桂離宮神話』などがある。

出典…『日本とは何なのか—国際化のただなかで—』(日本放送出版協会)。梅原猛編者のうちの「日本人論に思う」より引用。第二部の世界の中の日本文化のうちの一章。十把ひとからげに「日本人とは……」と言われていることに対して筆者の率直な意見が述べられている。

解答

漢字　a 付和雷同　b 脳裏　c 去来　d 埋没　e とうや

(1) D・A・B・E・C・F

(2) (例)日本人はみんな主体性がないのだから、人格改造にはげむ必要などない。

(3) 人格改造　(4) 日本人論(の本)

(5) (例)知的におごりたがる人に、絶好の素材を提供する働き。

(例)個人的ななやみを持つ人に、精神的な安定をもたらす働き。

(6) イ

解説

(1)まず、Dが「どういった思いが、去来するだろうか」を受けていることを押さえる。次に、E「こう思えば」とあるから、「こう」の内容は何かと考えると、A・Bの内容がそれに当てはまるのに気づくだろう。Bには「それは」という、Aの考えを指す指示語があるから、「A・B・E」という順が確定する。また、Fに「そうした効用」とある点に着目すると、Fの前にはCがくると判断できる。「C・F」は「A・B・E」よりも後に位置する。(2)主体性の欠如や人間関係でなやみ、「人格改造」にはげもうとする人に、「日本人みんなの弱点」だから、その必要はないと「甘い言葉」をささやきかけるのである。(3)脚注にあるように「陶冶《とうや》」は人格を養成することであるが、この文章では「人格改造」と同じような意味で使われている。(4)何が読者に「口実」を「あたえかねない」のかと考えると、「日本人論(の本)」が主語であるとわかる。(5)第三段落冒頭の「逆の可能性もある」に注目すれば、これより前に一つ、この後に一つ、働きが挙げられていることがわかる。具体例を述べている部分を除いて、簡潔にまとめること。(6)本文の要旨を理解する問題。「日本人論」は、「知的におごりたがる」人には「絶好の素材を提供」し、「個人的ななやみ」を持つ人には「甘い言葉」により「ひらきなおり」を生み出すという「負の効用」について述べられている。

22 蛍川　(50〜51ページ)

宮本輝《みやもとてる》…一九四七(昭和二二)年〜。兵庫県出身。『泥の河』で太宰治賞、『蛍川』で第七十八回芥川賞をそれぞれ受賞。その後『道頓堀川』を発表し、川の三部作を完了する。また、『優駿』で吉川英治賞を受賞。著書に『流転の海』『花の降る午後』『海岸列車』『葡萄と郷愁』『異国の窓から』などがある。

出典…問題文は一九七七年の十月、『文芸展望』に掲載された『蛍川』の第二章「桜」の一部である。作品は富山市を舞台に、主人公の少年の目に写った大人の世界を作者独特の感性で描写している。(角川文庫)

解答

漢字　a 切符　b 風呂敷　c 看板　d 挨拶　e のれん

(1) 大事な用事で一人汽車に乗って高岡まで行くのは心細かったから。

(2) エ

(3) (例)母と話がついているはずなのに、大森がお金を貸してくれないのかと思って、どうしたらよいかわからなくなってしまった。

(4) (例)形式ばったことをしなくても、金は貸してやるので心配するなと、竜夫を安心させようとしている。

(5) (例)なぜこのような会社の社長が、手形も受け取らずに、お金を必要なだけ貸してくれるのか理解できなかった。

(6) (例)母に言われた用事をやっと無事に済ますことができ、この場を離れられると思い、ほっとしたため。

解説

(1)直前の「高岡市までは約一時間程」と本文にはあるが、竜夫には「とてつもなく遠い所」と感じられたのである。なぜなら、竜夫は大事な用事で一人で汽車に乗って行くということで、大変緊張していたからだ。(2)「きつい目」をした母の様子を具体的に書いているのが「母はかつてそんなふうにきっぱりとした口調で物を言ったことはなかった。」という八〜九行目の部分である。この母の様子から、自分を激励する気持ちを感じ取り、竜夫の気持ちから心細さが消えたのだ。(3)竜夫の母が事前に連絡していたはずなのに、大森から断られたので、竜夫はどうしたらよいかわからなくなってしまったということ。

(4)わざわざ「声をひそませた」理由を、大森のセリフから考えてみる。「ただの紙切れをわざわざ金にせんでも」、つまり、そんな他人行儀なことをしなくても、初めから金を貸してやるつもりだったのだ。　(5)竜夫は、大森の話から竜夫の父と大森は昔からの知り合いだということはわかった。しかし、どの程度の間柄なのか理解できないし、親密な間柄だとしても、会社の社長である大森がなぜ手形を受け取らずにお金を貸してくれるのか理解できないのだ。

(6)竜夫はとても緊張していて、「一時も早く家に帰りたかった」のである。無事に用事を終え、大森のいる場所から離れることができるとわかって安心し、緊張の糸がとけたのである。

23 現代詩の鑑賞〈高村光太郎〉 (52～53ページ)

伊藤信吉《いとうしんきち》…一九〇六(明治三九)年～二〇〇二(平成一四)年。群馬県出身。詩人・評論家。萩原朔太郎、室生犀星に師事した。『燕』などの詩集を発表の後、近代詩史の研究や文学評論の仕事に入った。『近代文学の精神』『現代詩の鑑賞』など多数の著作がある。

出典…『現代詩の鑑賞』(新潮文庫)上巻「高村光太郎」。一九五二・五四年刊行。大正・昭和の各時代の詩人二十一名の作品、二百五十篇を分析・鑑賞している。「高村光太郎」では、十四篇の作品が載録されている。

解答

漢字　a と(いで)　b みけん　c 領有　d 基底　e 重厚

(1) A ①　B ⑬　(2) イ

(3) (作者の)芸術意欲

(4) 求道者

(5) (例)芸術家として、極まりのない美を追求するために、ひたすら自己充実をめざすこと。

(6) 道程・智恵子抄(順不同)

解説

(1)Aは「姿」につながる行を、Bは「はげしい精神をひそめている」様子が伝わる行を見つける。　(2)高村光太郎その人の「生き方」をとらえることが大切。空欄の前にある「モラリスト」や「求道者」という言葉がヒントになる。

(3)段落ごとに注意して読んでいくと、最終段落で「無限のおもいをこめて研がれるのは、刃物ではなくて……」という文が見つかるので、その次に答えになる語が続くと考えられる。　(4)鑑賞文の第二段落に「人」の姿勢についての説明がある。「求道者の途に通じるもので、この詩の主題もまたそこにあった」に注目する。　(5)詩の中の刃物を研ぐ「人」の姿に象徴された「高村光太郎の世界」とは、どのようなものなのかを読み取る。　(6)文学史の問題。作品を知っているだけでなく、ぜひ読んでもらいたい。

24 日本語 表と裏 (54～55ページ)

森本哲郎《もりもとてつろう》…一九二五(大正一四)年～二〇一四(平成二六)年。東京都出身。東京大学文学部卒。世界各地を旅する中で見聞きしたことをもとに様々な評論活動をしている。主な著書に『文明の旅』『あいまいな言葉』『神々の時代』などがある。

出典…『日本語 表と裏』(新潮文庫)。日常、あまり意識しないで使っている言葉、例えば「よろしく」「やっぱり」「どうせ」「いい加減」といった語句を通して、単に解釈にとどまらず、日本人の心性をも明らかにしようとした作品。

解答

漢字　a 同士　b 滞在　c 冗談　d てんか　e 放棄

(1) B・A・E・C・D

(2) (例)省略された簡単な表現を補足する、同質の価値観や等質の感情の働き。

(3) (例)日本の社会が同質の情報環境に置かれているから。
(4) イ
(5) (例)いっさいの判断を相手にゆだねる。
(6) エ

解説

(1)指示語の使い方に注意すると、Aの文の「それ」、Dの「その面倒な」は、前の文にその内容を含む語がこなければならない。するとB→A、C→Dが決まるので、あとはEの文をどこにもってくるかを考える。また文末の表現でも、断定的な言い方、問題提起の形などの違いを考えること。(2)「相手が異国にいるような場合」に〝神通力〟が失われるのだから、その逆の場合について考える。相手が自分と同質の環境にいる場合、「きわめて簡単な表現でも同質の価値観や等質の感情が言葉を補足してくれる」とあり、筆者はその働きを〝神通力〟と言っているのである。(3)冒頭の一文に、「社会《コミュニティー》が同質であればあるほど、表現はかんたんですむ。」とある。敬語法の断定を避けた表現も、この類いであると考えられる。(4)漢語的表現であるが、よく使われるので知っていてほしい。(5)「相手にたよること」を「おんぶする」と言う。本文で「相手にたよる」内容について述べているのは第二段落。(6)アの「無礼」に引っかからないこと。殿様が家来に「礼」を尽くす必要はない。直前の「殿様が家来に対して命じる言葉」がヒントになる。

25 死者の奢《おご》り (56〜57ページ)

大江健三郎《おおえけんざぶろう》…一九三五(昭和一〇)年〜。愛媛県出身。東京大学文学部仏文学科在学中、芥川賞候補、卒業後『飼育』で芥川賞受賞。一九九四(平成六)年ノーベル文学賞受賞。小説『われらの時代』『万延元年のフットボール』など。

出典…『死者の奢り』(新潮社)。この作品は作者が文壇に登場した処女作である。文学部の学生である「僕」が自ら応募した、屍体《したい》処理のアルバイトが、不可解な手違いから徒労に終わってしまう。水槽に浮沈する死骸群に託された登場人物たちの心情もまた、出口を見出せない。

解答

漢字 a ふく(れた) b し(いて) c 観念 d 兆候 e 簡潔
(1) 脱走しよう
(2) A エ C ア (3) 希望
(4) ② 戦争 ③ 戦争について、評価したり判断したりすること。
(5) ウ

解説

(1)「この男」がどういう人物であり、どういう経緯で、この水槽に入れられたのかを読み取る。「決意」をもってどのようなことに臨んだのか、意志を表す表現に注目する。(2)A「銃創」とは銃弾が食いこんだ痕だから、「しみ」程度ではない。C「消化」という言葉がヒントとなる。(3)傍線部②の後の「希望の虚しい氾濫」に注目する。(4)②二〜三行前から読んで、「始まろう」という述語に対応する主語を探す。③これも、すぐ前の部分に注目する。ただし、語尾を「〜こと」に直す必要がある。(5)この場面で中心になっているのは、「僕」と「兵隊の死骸」との心の中の言葉のやりとりである。言わば戦争の証人である兵隊の尊厳と屈辱を読み取ってほしい。

26 知の旅への誘い (58〜59ページ)

中村雄二郎《なかむらゆうじろう》…一九二五(大正一四)年〜二〇一七(平成二九)年。東京都出身。東京大学文学部哲学科卒。デカルト、パスカルなど十七世紀フランスの哲学を研究し、その研究を基盤に、思想の根底にある感覚の問題を追究している。主な著書に『感性の覚醒』『共通感覚論』などがある。

出典…『知の旅への誘い』(岩波新書)。「私たち人間の知の営みは、冒険を含んだ〈旅〉にたいへんよく似ている」という観点から、「人間にとって

〈旅とは何か〉ということをあらためて振りかえりながら」知の営みについて論述した作品。

解答

漢字　a 自己　b 排斥　c 苦悩　d ぼんよう　e しょうしんよくよく

(1) A **イ**　B **エ**　C **ウ**

(2) (例)旅に出ると、知的情熱としての好奇心をとりもどすことができるから。

(3) 1 偶然　2 既知　3 惰性

(4) 情熱は人間の心の平静を乱し、人間を真理から遠ざける

(5) Ⅲ

解説

(1) Aは前に「むやみに穿鑿《せんさく》する心」、後に「もの好き」とあり、同じようなものを列挙しているので、「あるいは」とするべきである。Bは前文とは逆の内容が下に続くから逆接。また、Cは前の内容を後で言いかえている。(2) 旅に出ると〈芸術家〉や〈詩人〉になるのは、ひとが「感受性」をとりもどすからであると、筆者は第一段落で述べている。その理由は、第二段落で述べられている。「情熱」「好奇心」という言葉を使って、「旅では……をとりもどすことができるから。」という形にまとめる。(3) [1] は第二段落冒頭の「未知と偶然」に注目する。[2] は旅と日常生活を対照的にとらえているので「未知」の反対語が入る。[3] は単調な毎日が続く日常生活を、「惰性で生きる」と表現している。(4) 情念(情熱)が永い間どのようにとらえられてきたかを、第三段落から読み取る。(5) 一つ一つ空欄に当てはめて丁寧に読んでいくとよい。(Ⅲ)に入れた場合、「小さなこと」は「発見」や「創造」のことを指しているので、文脈は整う。

27 おそれという感情 (60〜61ページ)

唐木順三《からきじゅんぞう》…一九〇四(明治三七)年〜一九八〇(昭和五五)年。哲学者・評論家。長野県出身。主な著作に『鷗外の精神』『中世の文学』『無用者の系譜』『日本の心』などがある。

出典…一九六四(昭和三九)年に、雑誌『日本』で『おそれという感情』が発表された。

解答

漢字　a 蛇口　b 渇水　c とぼ(しく)　d 暴露　e 治療

(1) 1 **イ**　2 **ア**　3 **ア**　4 **ア**　5 **ア**　6 **イ**　7 **ア**　8 **ア**　9 **イ**　10 **ア**

(2) **ア**

(3) (例)それらをなくすと、社会道徳(公徳心)の欠けた者たちによって、泉が汚される危険性があるから。

(4) (例)本物ではないが、見かけがよく似ていて区別がつけにくいこと。また、そういうもの。

(5) **ウ**

解説

(1)「原因」と「結果」という言葉を一つずつ当てはめて、検証していく。(2) 人が水源を求めて下流から上流に上って、ついに水源を捜し出すという過程と、結果から原因を探っていくという「科学の研究方法」が似ているのである。(3) 前文において、「泉の水源を囲うジュラルミンと、とげのついた針金」は、「不調和で醜い」ものであることが示されている。「にもかかわらず」「必要である」理由を考える。(4)「疑似」とも書くことを覚えておく。(5) 主題に関する問題は、本文全体をよく読まなければならない。選択肢も紛らわしいものが多いので、注意を要する。**ア**と**エ**は「科学」という言葉をキーにして、論述している。**イ**は「泉」に「人生」的意味を見出している。**ウ**は「泉」に「人知以上のもの」を感じ、そこに「尊敬(おそれ)」を抱いており、本文の内容を最も的確に捉えているといえる。

章末問題　蓄音機　（62〜63ページ）

寺田《てらだ》寅彦《とらひこ》…一八七八（明治一一）年〜一九三五年（昭和十）年。東京都出身。物理学者・随筆家・俳人。東京帝国大学理科大学実験物理学科卒。地球物理学関連、X線の研究、「形の物理学」の研究で多大な業績を残す。一方、文学の面では夏目漱石に師事し、随筆家、俳人としても活躍した。主な著書に『柿の種』『科学者とあたま』『冬彦集』など。

出典…『寺田寅彦随筆集　第二巻』（岩波書店）所収。初出は一九二二年の「東京朝日新聞」。成蹊大学の入試問題として出題されたものの一部を改訂したものである。

解答

(1) a 原稿　b つらぬ　c ぜんじ　d 忙殺　e いせい

(2) （例）講義において正確な知識を伝えることだけが求められているのであれば、必要な視覚情報さえあればそれを誰が伝えるかは大きな問題とならないはずだから。

(3) **ウ**

(4) （例）自然の音を忠実に再現し、人間の心を浄化し、神経を和らげて精神的によい影響を与えることができるようなレコード。

(5) （例）人間は生活を便利にする文明の利器に囲まれて暮らしているが、将来的には便利さよりも精神的幸福を重視するように変化していくべきである。

解説

(2)ここでの「甲・乙」は優劣ではなく、それぞれ不特定の別の人、ということ。つまり、「講義の内容が……正確な知識を与えさえすればいい」と仮定した場合、ある人の講義の内容を、別の人が述べてもよいのだ、ということである。ちなみに、筆者自身それでよいと考えているわけではなくあくまで仮定の話であり、実際にはそのような講義は「教育的価値のないもの」であると指摘している。　(3)二つ後の文に「講義の内容の外見上の変化が少なくとも」とあることに注目。このような講義でも「興味や熱を鼓吹する力が年と共に加わる」と述べているのだから、変化が少ない講義をする教師についての批判に対して反論していることがわかる。　(4)この段落のはじめで挙げられている「自然の音のレコード」を指す。「僅少な時間をさいて……遊ばせる」「長い月日を……精神的の治療に資する」とあるが、「簡潔に説明」することが求められているので、どのようなことを述べているのかをかみ砕いてまとめる。　(5)最終段落の内容に注目する。筆者は「蓄音機」を例にとって、文明の利器との向き合い方について論じており、これが筆者の最も言いたかった部分である。